W0251957

Allegria

Der Autor

Erich Keller, Jahrgang 1949, war ursprünglich Betriebswirt, machte dann Ausbildungen in Psychotherapie, Aromatologie und Coaching. Als Coach, Trainer und Kursleiter arbeitet Erich Keller seit 1990 mit den verschiedensten Methoden humanistischer Psychotherapie, EFT (Emotional Freedom Techniques), S.E.P.® (spirituelle energetische Psychologie) und Bewusstseinsarbeit. Er ist Dozent an einer Schweizer Fachschule für angewandte Psychologie im Bereich Ausbildung verschiedener Fachbereiche. Erich Keller ist Autor zahlreicher Veröffentlichungen.

Von dem Autor sind in unserem Hause erschienen:

Endlich frei! Mit EFT

Endlich frei in der Partnerschaft

Erfolgsblockaden auflösen mit EFT

Erich
Keller

In jeder Beziehung

Gebrauchsanleitung für
eine lebendige Partnerschaft
in Familie, Liebe und Beruf

Ullstein

Besuchen Sie uns im Internet:
www.ullstein-taschenbuch.de

Allegria im Ullstein Taschenbuch
Herausgegeben von Michael Görden

Umwelthinweis:
Dieses Buch wurde auf chlor- und säurefreiem Papier gedruckt.

Originalausgabe im Ullstein Taschenbuch
1. Auflage März 2008
© by Ullstein Buchverlage GmbH, Berlin, 2008
Umschlaggestaltung: FranklDesign, München
Titelabbildung: www.leeladhar.com
Gesetzt aus der Garamond
Satz: Keller & Keller GbR
Druck und Bindearbeiten: GGP Media GmbH, Pößneck
Printed in Germany
ISBN 978-3-548-74401-8

Inhaltsverzeichnis

Selbst flüchtige Begegnungen sind Beziehungen.
Was machen wir aus diesen Begegnungen,
was geschieht dabei?
Wie gestalten wir unsere Begegnungen, Beziehungen
und Partnerschaften lebendig und erfüllend?

Wie kommt es, dass einige Menschen scheinbar
mühelos mit vielen Menschen leichte Beziehungen
eingehen können, anderen fällt das schwer
oder ihre Beziehungen sind konfliktreich.
Das Geheimnis leichter und authentischer Beziehungen
löst sich durch die leicht nachvollziehbaren Schritte,
die dieses Buch vermittelt.
Es ermöglicht Begegnungen und Beziehungen neu
zu erleben, im Privatleben und Arbeitsleben.

Vorwort

Manche Menschen haben die Gabe, mühelos Kontakte mit anderen Menschen herzustellen. Ihre Beziehungen, die sie eingehen, selbst wenn sie nur wenige Augenblicke dauern, sind von einer Leichtigkeit und Freundlichkeit bestimmt. Menschen erinnern sich an sie gerne und auch nach vielen Jahren, wo sie sich nicht trafen, können sie übergangslos wieder die Beziehung aufnehmen. Dabei handelt es sich nicht um oberflächliche Beziehungen, nicht um ein künstliches Nettsein.

Andere Menschen können es nicht. Es fällt ihnen nicht leicht, Kontakte herzustellen, anderen Menschen wirklich zu begegnen und Beziehungen einzugehen. Ihre langfristigen Beziehungen sind manchmal kühl, gehemmt oder konfliktreich.
Irgendetwas haben sie nicht gelernt oder kennen es noch nicht, was auch sie erfolgreich Beziehungen schaffen und leicht Begegnungen erleben ließe. Wir müssen nicht tief gehende Beziehungen haben, aber wir können.

Wir können uns dem In-Beziehung-Treten mit anderen Menschen nicht verschließen, denn die Welt ist voller Menschen und keiner kann allein auf diesem Planeten überleben. Manche Menschen behandeln ihre Beziehungen wie eine Zimmerpflanze. Man hat sie, kümmert sich nicht darum, pflegt und düngt sie nicht, gibt ihr keine

Aufmerksamkeit, sie soll gefälligst wachsen. Ohne Pflege und Aufmerksamkeit und regelmäßiges, angemessenes Gießen wird sie kränkeln, vor sich hindarben.

Was ist es, was die einen so erfolgreich macht und die anderen ihre Beziehungen glücklos und unzufrieden erleben lässt? Dieses Buch untersucht den Patienten »Beziehung«.

Vieles, was hier untersucht wird, trifft natürlich auch auf Partnerschaften zu, doch letzteres Thema ist vielschichtiger und nicht der Fokus dieses Buches.
Bei der Untersuchung hier ist es wie beim Arztbesuch: Etwas funktioniert nicht richtig, der Patient »Beziehung« ist nicht beschwerdefrei, schwächelt, kränkelt, leidet. Erst kommt eine längere Untersuchung, das Entdecken von Symptomen, Unstimmigkeiten, Schäden – da deuten sich schon Hinweise für eine gesündere Lebensführung an.

Dann finden Sie im letzten Teil Lösungsmöglichkeiten, wie Sie die anfällige Beziehung verbessern oder kurieren können. Sie bekommen eine Fülle von Anregungen oder Techniken, wie Sie Ihre Beziehungsfähigkeit verbessern können.
Und da es oft geschieht, dass Ihre Mitmenschen von Ihren Veränderungen betroffen werden, widmen wir uns abschließend auch diesem Thema.

Sie mögen sich an einigen oder vielen Stellen entdecken. Möglicherweise bemerken Sie Ihre ausgeprägteste Eigenschaft, die Beziehungen schwierig, anstrengend oder unmöglich macht. Vielleicht erkennen Sie Talente, die Sie ausbauen können, um leichte und herzliche Beziehungen zu schaffen. Gerade wenn Sie viel mit Menschen zusammen sein müssen, ist es wichtig, Ihre Beziehungsfähigkeit zu kultivieren.

Sie können sich jetzt auf eine Entdeckungsreise begeben, was in Ihren Begegnungen mit Menschen geschieht. Es sind kleine, oftmals unbeachtete Gedanken, Äußerungen oder Verhalten, die das Klima einer Beziehung bestimmen. Ob die Chemie stimmt oder nicht, ob Verständnis da ist oder nicht, ob Sympathie entsteht oder Ablehnung, ist nicht Schicksal, Sie können darauf erheblichen Einfluss nehmen. Interessiert?

Dann lesen Sie weiter ...

Generelle Untersuchung

Annäherung

Mit allen Menschen, die wir treffen, gehen wir eine Beziehung ein. Es kommt zu Beziehungen, die nur Sekunden, einige Minuten oder viele Jahre bestehen. Beziehungen mit dem Busfahrer, der Verkäuferin im Geschäft, Nachbarn nebenan, Kollegen, Mitarbeitern, Kunden, Paketzustelldiensten, vorbeilaufenden Hunden, nahen Freunden, fernen Freunden, geliebten und ungeliebten Partnern.

Viele Male am Tag, sofern wir die Wohnung verlassen, treten wir in Kontakt mit anderen Wesen, die uns begegnen. An denen wir achtlos vorbeigehen, und doch haben wir etwas wahrgenommen. Wir können nicht in Kontakt treten. Augen treffen sich kurz beim Blick aus dem Auto nach links, wo auch ein Auto vor der Ampel wartet, wobei meistens beide Schauenden wie ertappt sofort in eine andere Richtung sehen.

Kommt ein Paket, können wir uns dem In-Beziehung-Treten nicht entziehen. Wir müssen den Mann oder die Frau vom Zustelldienst anschauen, mit ihm oder ihr ei-

nige Worte wechseln. »Hier ist etwas für Frau Mustermann.« Gehetzter, unsicherer Blick. »Ich bin Herr Mustermann, meine Frau ist außer Haus. Aber ich nehme das Paket an.« Vielleicht auch noch auf einem mysteriösen Gerät eine unleserliche Unterschrift geben. »Ist das gut so?« Nebenbei Gedanken: Kann man das überhaupt lesen? Wo wird unterschrieben? Der hat aber einen seltsamen Körpergeruch. Hübscher Junge. Nette Frau. »Na, dann vielen Dank und auf Wiedersehen.«
Und schon eilt das Wesen davon. Hat er nicht verstohlen in die Wohnung geschaut? Der sah aber merkwürdig aus! Attraktive Frau – vielleicht hätte ich mit ihr etwas mehr reden oder sie sogar reinbitten sollen, vielleicht, vielleicht ...? ❞

❝ Ich möchte eine Zeitung kaufen. Ich halte an einem Kiosk. Ein Mann sitzt drin, schaut gelangweilt aus dem Fenster, saugt an einer Zigarette. »Guten Tag. Eine Abendzeitung.« »Eine Abendzeitung.«
Er dreht sich langsam um, nimmt die Zeitung, dreht sich wieder um, schiebt die Zeitung über die Theke, ohne mich anzusehen: »Sechzig.«
Ich lege das Geld in die übliche Glasschale, sie ist schon alt, hat Tausende von Münzen auf sich fallen lassen.
Ohne mich anzusehen, nimmt er das Geld, es verschwindet in einer Schublade, wo es klappernd in zwei Kunststoffbehältern landet. Große Münze da rein, kleine Münze dort rein.
Der Mann hält die Augen nach unten auf die Theke gerichtet. Ich nehme die Zeitung. »Danke. Wiedersehen«,

sage ich. »Grüß Gott«, murmelt er. Ich drehe mich um und gehe zurück zum Auto. ❞

❝ Ich möchte eine Zeitung kaufen. Ich halte an einem Kiosk. Ein Mann sitzt drin, schaut interessiert, wie ich mich dem Kiosk nähere. »Guten Tag, was soll's sein?« Ich schaue ihn an. »Guten Tag, eine Abendzeitung.« »Haben wir doch gleich.«
Der Mann dreht sich um, nimmt die Zeitung, schiebt die Zeitung über die Theke. »Macht sechzig.« Ich lege das Geld in die Glasschale. Er hebt es auf und lässt es in der Schublade verschwinden, wo es klappernd in zwei Kunststofffächern landet – Fünfziger hier, Zehner dort.
»Eine spanische Münze«, merkt er auf, »hatte ich noch nicht.« Dann fragt er: »Möchten Sie sonst noch was?« »Nein, danke, auf Wiedersehen.«
Ich nehme die Zeitung. Sie ist ungewöhnlich dick, so frage ich: »Wieso ist die heute so dick?« Der Mann schaut mich an: »Heute haben sie mal wieder viel Werbung beigelegt.« Ich, die Beilagen herausnehmend: »Ist doch Verschwendung, ich werfe sie wie die meisten Leute gleich weg.« Der Mann, die Arme verschränkend, lehnt sich zurück auf seinem Hocker und zieht die Augenbrauen hoch: »Aber davon finanziert sich die Zeitung auch.« Ich nicke. »Ach ja, daran hatte ich noch nicht gedacht. Danke. Also dann, auf Wiedersehen«, sage ich mich umdrehend und gehe zum Auto zurück. ❞

❝ Menschen, die Hunde haben und sich auf der Straße treffen. Erst mal die Leine kurz halten, der andere Hund könnte ja ein bissiges Weibchen sein. Meiner ist ein Rüde. Von Weitem: »Ist es ein Weibchen?« »Ja, sie ist aber lieb!« Beruhigt die Leine wieder lang lassen. »Na, dann können sie sich ja mal beschnuppern!« Heftiges Gezerre beider Hunde an den Leinen, Hundebesitzer werden auf einander zugezogen.

»Wie alt ist denn Ihrer?« Dabei aufmerksam das Tun der Hunde beobachten. Feststellung des einen Beobachters: Der andere Hund ist aber ganz schön fett und schon grauhaarig. Vergleich des anderen Beobachters: Der andere Hund ist aber dürr, da sieht meiner ja richtig kräftig aus.

»Ist Ihrer auch schon alt?« »Schon zwölf Jahre, aber noch ganz munter, aber natürlich nicht mehr wie in jungen Jahren, man merkt das Alter schon.«

Inzwischen haben die Hunde die hinteren Körperöffnungen berochen und hüpfen um einander herum. »Die scheinen sich aber zu mögen!« »Mein Asko, so heißt er, mag halt Weibchen!«

Die Leinen verheddern sich, beide Hundehalter werden hin- und hergezerrt. »Jetzt müssen wir sie aber wieder trennen, ich muss weiter.« »Asko, hierher!« »Mutzi, halt, Platz, sitz!« Endlich entwirren sich die Leinen. »Auf Wiedersehen!« ❞

❝ Ein Mensch, der einen Hund hat und einen anderen Menschen trifft, der keinen Hund hat. Hundehalter beim Näherkommen die Leine kürzer haltend. Kurzer Blick des unbehundeten Menschen auf den Hund. Gefährlich, harmlos? Hund kommt näher.

Versuchte Kontaktaufnahme mit Hundehalterin, ansehen, sie schaut auf die Straße. Kontaktaufnahme mit dem Hund: »Na du?« Hund reagiert nicht, dreht ab, ist viel mehr an unsichtbaren Spuren an der Hauswand interessiert.

Enttäuschung. Na, dann nicht! Noch mal kurzer Blick zur Hundehalterin. Schaut nur auf den Hund, interessiert sich auch nicht für mich. Nimmt mich nicht wahr. Die drei Wesen gehen weiter.

Im Büro der Drucktechnik GmbH. Geschäftsführer: »Die Gestaltung des Prospektes für den Kunden war doch genau vorgegeben. Wieso kommen plötzlich hier ganz andere Farben in den Andruck?«

Drucker: »Weil der Setzer nicht darauf geachtet hat.«

Setzer: »Nein, ich war es nicht, es liegt am Drucker, der nicht aufgepasst hat.« Abteilungsleiter: »Diese Farbe können wir gar nicht darstellen.«

Geschäftsführer: »Warum hat denn keiner gleich etwas gesagt?«

Setzer: »Das hätten Sie dem Kunden gleich sagen können, als Sie den Auftrag angenommen haben!«

Geschäftsführer: »Wir müssen tun, was der Kunde verlangt, und Sie haben es auszuführen. Ich gehe davon aus, dass Sie das als Abteilungsleiter überwachen.« Abteilungsleiter: »Als Setzer müssen Sie mir sofort sagen, wenn es Probleme gibt.« Setzer: »Sie lassen ja nicht mit sich reden, Sie haben nie Zeit.«

Geschäftsführer: »Wenn das hier so weitergeht, können wir bald schließen.« Geschäftsführer denkt: Ich werde

mir einen neuen Abteilungsleiter suchen. Abteilungsleiter denkt: Ein Irrer, der ein Unternehmen leitet.
Setzer denkt: Fürchterlich hier, immer sind die Kleinen schuld. Drucker denkt: Na, da haben wir ja wieder den üblichen Streit. Mir kann keiner etwas nachweisen. Und außerdem kann keiner von denen drucken. Ohne mich geht es schon gar nicht. ❞

❝ Ein Paar im Auto. Sie fährt. Er, heftig: »Es ist grün!« Sie, nervös: »Ja, ich sehe es.«
Er denkt mehr, als er sagt, sie denkt nicht, was sie sagt.
Er interpretiert, was sie wohl meint, sie interpretiert was er wohl meint.
Irgendwann wird sie sauer und er ärgerlich und beide wundern sich, wie es dazu kam. ❞

Wie Beziehungen entstehen und verlaufen, geschieht oft zufällig, unbewusst. Sie können anstrengend, stressig, konfliktreich oder harmonisch, unterstützend, in gegenseitigem Wohlwollen oder Ausdruck von Liebe sein. Sie können kurze Momente oder dauerhafte Zustände sein, die ablehnend oder akzeptierend sind.
Ob die Beziehungen erfolgreich und zufrieden stellend sind, hängt von gegebenem Talent, entwickelten Charakterzügen, übernommenen Strategien ab. Was nicht ist, kann gelernt werden, was ist, kann verändert werden.

Wenn ein Motor nicht richtig läuft, bringt man das Auto in die Werkstatt. Früher waren es wenige Handgriffe, das Drehen an einer oder zwei Schrauben, und der Motor lief wieder »rund«. Heute gibt es Computer, die den Motor prüfen und die notwendigen Einstellungen der Software des Autos vornehmen.

Übertragen wir das Beispiel »Auto und Motor« auf den Menschen. Der Mensch ist das Auto, der Motor ist der Verstand. Auch hier kann die Software verändert werden, damit wir Beziehungen, Freundschaften, Partnerschaften so gestalten (bewusst gestalten), dass sich alle Beteiligten in ihnen wohlfühlen.
Wohlfühlen heißt heute auch Wellness. Wellness erreichen wir dadurch, dass wir etwas dafür tun, etwas dafür lassen. Wellness auf der emotionalen Ebene der Beziehungen kommt genauso zu Stande: Etwas dafür tun, etwas dafür lassen. Es geht darum, etwas Neues zu erleben oder stattfinden zu lassen. Angesichts des folgenden Zitates ein interessanter Prozess, der jegliche Langeweile der endlosen Wiederholungen desselben Erlebens beenden kann.
Deepak Chopra schreibt: »Der Mensch hat im Durchschnitt etwa 60 000 Gedanken am Tag. Das ist nicht weiter verwunderlich. Etwas beunruhigend ist aber die Tatsache, dass 80% der Gedanken die du heute hast dieselben sind, wie die vom Tag davor und vom Tag davor und vom Tag davor ...«

Schauen wir uns den Motor und die Software genauer an. Wir haben Interpretationen der anderen, da sind Erwartungen, Vorstellungen, Überzeugungen, es gibt Wünsche, wie es sein sollte oder nicht sein sollte. Wir können verdeckte Botschaften senden, unverständliche Begriffe benutzen, kuriose Einstellungen vermitteln. Die Möglichkeit von Missverständnissen, Missinterpretationen, Konflikten, Verletzungen, Ärger ist gegeben.

Hier ist eine Einladung, sich in der Software umzuschauen, um sie zu korrigieren. Programmieren Sie sie doch selbst um, wenn Sie sich wohlfühlen wollen, wenn Sie zufrieden stellende Beziehungen erleben, herstellen, halten möchten. Zufriedenheit kommt von In-Frieden-Sein. Das beginnt bei Ihnen. Ist in Ihnen kein Friede, ist außen auch kein Friede. Von anderen verlangen, sich zu ändern, zu bemühen, zu korrigieren, ist selten erfolgreich. Wir versuchen es mit List, Tücke, Schmeicheleien, Drohungen, Forderungen, Erpressung, Gewalt, je nach der Position in der Beziehung.

Schauen wir uns gemeinsam um, was die Beziehungssoftware zu bieten hat. Diese Software wird auch Verstand genannt. Gehen wir in Schritten durch den Verstand, der alle Beziehungen gestaltet, steuert, alles entstehen lässt, was es gibt. Vielleicht braucht es nur einige kleine Korrekturen, vielleicht muss aufgeräumt werden.

Wir räumen unsere Wohnungen, Häuser, Garagen, unsere Festplatten auf, wir werfen alte Dinge in den Sperrmüll, geben getragene Kleider weg, wir halten viel auf Sauberkeit, Ordnung, Ästhetik und Hygiene. Wir putzen, waschen, wischen, pflegen - doch was ist mit dem Verstand? Da dürfen alte, überholte, marode, defekte Anweisungen fürs Leben und Dasein bleiben, die viel Platz einnehmen und Neuem den Raum versperren: Vorratsraum, Abstellkammer, Festplatte voller unnützer, hinderlicher Ideen, Einstellungen, Konzepte, Bedingungen, Urteile.

Da ist jemand – erste Eindrücke

Sie schlendern die Straße entlang. Wann war das so das letzte Mal? Zugegeben, das passiert selten. Die meisten Menschen sind scheinbar auf der Jagd oder auf der Flucht. Schnell noch irgendwohin oder von irgendwo weg. Je schneller man sich bewegt, desto weniger wirklich, intensiv, direkt nimmt man seine Umwelt wahr.
Vielleicht ist das der Gewinn der Schnelligkeit? Nichts mehr genau wahrzunehmen. Doch wir können uns nicht der Eindrücke entziehen, die auf uns umso mehr einwirken, je schneller wir sind, je mehr wir tun, je mehr wir jagen und hetzen, dieses und jenes noch zu erledigen, erreichen, mitzunehmen, abzuwickeln.

Jetzt aber schlendern Sie die Straße entlang. Menschen begegnen Ihnen. Schon von weitem nehmen Sie Größe, Umfang, Aussehen, Gestik wahr. Vorausgesetzt, Sie schauen geradeaus. Ist Ihnen schon aufgefallen, dass die meisten Menschen beim Gehen oft auf den Boden schauen, und wenn sie anderen Menschen begegnen, eher wegschauen, statt sie anzusehen? Dafür gibt es mehrere Gründe.

Ein Grund, Menschen nicht anzusehen, ist, Blickkontakt zu vermeiden, um nicht gesehen zu werden. Das begrenzt die Möglichkeiten von Begegnungen und Beziehungen. Was könnte bei Ihnen gesehen werden? So, wie Sie jetzt gerade aussehen, angezogen sind? Gibt es da Zweifel, ob es in Ordnung ist? Auch diese Wertung, ob Sie in Ordnung sind oder nicht, ist ein Resultat des Vergleichs. Ihrer Interpretation von sich selbst. Sie haben es von jemand gehört, jemand hat es Ihnen oft genug gesagt, wie Sie sein sollen. Das haben Sie geglaubt. Ihre Einzigartigkeit wurde etwas gesellschaftlich Korrektem, Angemessenem, Angepasstem geopfert.
Der andere Grund, Menschen nicht anzusehen, ist die permanente Beschreibung der anderen. Es ist eine ständige Beschäftigung des Verstandes, die Umwelt zu beschreiben, zu interpretieren, um das Geschehen zu kontrollieren. Das ist erschöpfend.

Statistisch schauen wir bei jedem fünften Schritt auf den Boden, um nicht über etwas zu stolpern, in etwas reinzutreten. Das stammt aus einer Zeit, da wir noch keine asphaltierten Wege in den Wäldern oder der Savanne hatten.
Die Zeiten sind vorbei, trotzdem funktioniert dieser Mechanismus weiter. Manche Menschen laufen ständig mit gesenktem Blick. So sehen sie nicht alles, was die Welt zu bieten hat, alles, was geschieht. Sie sehen nicht die anderen Menschen, die Wolken, die Bäume, die Häuser, die Autos, die Vögel. Sie erfahren nur einen kleinen Teil des Lebens.

Aber bleiben wir beim ersten Eindruck. Das, was Sie sehen, ist eine Reflexion von Licht, das auf ein »Etwas« fällt. Ich nenne es jetzt einmal nur DAS - es hat noch keine Namen, Beschreibungen. Sie können es auch ein DIES nennen. Oder DIESES oder JENES. Durch die Augen, die selbst nicht sehen, sondern nur DAS weiterleiten, entsteht ein DAS im Hinterkopf, im Gehirn.
Hier ist der Bereich, wo die Reize der Augen zu Bildern werden. Es entsteht ein Bild im Kopf, im Verstand. Alles, was scheinbar da draußen vor Ihnen oder um Sie herum ist, ist nicht da draußen, sondern in Ihnen. Daher treffen Sie nicht einen Menschen da draußen, der Ihnen auf der Straße begegnet, sondern der Mensch entsteht in Ihnen. Sie erschaffen ihn und alles andere selbst.

Ihre Begegnung mit der Welt und den Menschen begann wie bei allen Kleinkindern: Es gab kein Innen und Außen. Alles war DAS - aufregend, neu, frisch. Erst später lernten Sie, dass DAS ein »Hund« ist. Es könnte auch ein »Wuffodil« sein. Dann lernten Sie vielleicht, dass DAS zusätzlich ein »lieber« oder »böser« Hund ist und »mein« oder »dein« Hund.
Der Hund weiß natürlich nichts davon, dass er jemandem gehört. Und dieser »Hund« ist in ständiger Veränderung, mal laut, mal leise, mal lechzend, mal schlafend, mal jung, mal alt - es ist eher ein »Hunden«, was da wahrgenommen wird.

Wir begreifen die Menschen und Dinge, die wir sehen oder, richtiger gesagt, in uns entstehen lassen, als etwas

außerhalb. So basiert der erste Kontakt mit einem Menschen auf einem Irrtum.
Als erster Schritt für eine Beziehung gilt: Er, sie, es, DAS ist so, wie Sie es beschreiben.

Es geschieht nebenbei und automatisch. Sie stülpen dem, was ist, eine Bedeutung, eine Beschreibung über. Die ist für das Schlendern auf der Straße selten wichtig, es sei denn, Sie würden beispielsweise die Straße überqueren wollen. Da ist es wichtig, das sich Ihnen nähernde Auto links von Ihnen als solches zu beschreiben und auf seinen Abstand und seine Geschwindigkeit zu achten. Sonst würden Sie sich möglicherweise unerwartet unter dem Auto befinden und das könnte tödlich sein.

Würden Sie DAS nicht ständig beschreiben, könnten Sie in aller Ruhe dahinschlendern. Ganze Menschenmassen können an Ihnen vorbeiziehen - es wird Sie nicht beschäftigen.

Als nächster Schritt beim ersten Kontakt mit Menschen oder allem, was ist, beginnen wir zu interpretieren und zu vergleichen.
DAS ist jetzt nicht mehr DAS, jetzt kommt zu der Beschreibung ein weiteres Etikett, das wir auf den Menschen, den Baum, den Hund kleben: sieht aus wie mein Bruder, hat Ähnlichkeit mit dem oder der, ist typischer Türke, erinnert mich an ... Das Tückische daran ist, dass wir diesem DAS - diesem Menschen oder dieser Gruppe von Menschen - die Eigenschaften des Verglichenem

oder die Erlebnisse mit dem Verglichenen zuschreiben. Und das sind Vermutungen, keine Tatsachen.

Wie kann es zu einer offenen Beziehung mit einem Menschen kommen, wenn Sie schon mehrere Etiketten auf sein tatsächliches Wesen geklebt haben?
Unter Umständen begegnen Sie dem anderen mit Gefühlen, die völlig unangemessen sind. Sowohl die tiefe Sympathie wie die tiefe Abneigung, sowohl die Liebe auf den ersten Blick wie der brennende Hass.

Möglicherweise erschaffen Sie beim ersten Kontakt ein Bild eines Menschen, der Ihnen überlegen, bedrohlich, unterlegen, manipulierbar, nützlich erscheint. Welcher von Statur kleine Mann erschafft nicht nur auf Grund seiner Interpretation seiner und des anderen Erscheinung beim ersten Kontakt Konflikte mit körperlich großen Männern und kämpft mit ihnen oder weicht ihnen aus? Welche Frau kennt nicht ähnliche Konflikte durch ihre Interpretationen bzw. Vergleiche, was attraktiv, sexy, gepflegt, unauffällig (nicht alle wollen auffallen) wäre, bevor es zu einem ersten Wort mit der anderen Person gekommen ist?

Schauen Sie doch jetzt einmal umher, ohne zu beschreiben. Es geht! Sie werden eine Leichtigkeit empfinden. Sie werden viel mehr Dinge oder Menschen ansehen können. Sie werden wahrscheinlich alles ansehen können, mit Interesse, Neugier, Wohlwollen. So können Sie eine Beziehung entstehen lassen, ohne den Partner in diesem

Prozess von vorne herein mit Etiketten beklebt, von Vorannahmen beladen, zu etwas zu machen, was er oder sie nicht ist. Bis hierhin ist da nur ein Mensch.

Möglicherweise entdecken Sie Eigenschaften oder Emotionen in oder an dem DAS, die Sie besonders gut finden oder ganz ablehnen. Es bildet sich ein Urteil, ein Vor-Urteil, eine Vor-Einschätzung, die eine Beziehung vom ersten Moment prägen kann. Auch das machen Sie, der andere Mensch hat damit gar nichts zu tun. Dies ist das nächste Thema.

Was wir in anderen sehen

Ein Ihnen bestimmt bekannter Vorgang ist, dass Sie sich eine Meinung über den Menschen bilden. Auch wenn in der Begegnung noch nichts gesprochen wurde - allein sein Aussehen, seine Mimik, seine Gesten werden interpretiert und schon ist aus dem *anderen* ein *ganz bestimmter anderer* mit Eigenschaften geworden. So bekommt der Mann, der aus dem Kioskfenster schaut, durch Ihre Interpretation eine Eigenschaft wie gelangweilt, ärgerlich, fröhlich, ängstlich, interessiert, deprimiert, besorgt.

Das können Sie nur feststellen, wenn Sie diese Eigenschaften von sich selbst kennen. Wenn Sie es nicht von sich kennen, werden Sie es nicht so interpretieren, sondern günstigenfalls wertfrei betrachten und neugierig werden. Aber: Erstens wissen wir nicht genau, ob dem wirklich so ist bei diesem Menschen, den wir betrachten (er oder sie könnte sich selbst völlig anders fühlen), zweitens kann es eine momentane Verfassung sein. Wenn wir eine wirkliche Echtzeit-Beziehung eingehen wollten oder müssten, stünden die »erfundenen« Eigenschaften zwischen Ihnen und dem anderen.

Vielleicht möchten Sie nicht mit einem Ärgerlichen sprechen, sich nicht mit einem Depressiven umgeben, von einem Gelangweilten kaufen?
Doch es ist die Sache des anderen, wie er sich fühlt. Das hat mit Ihnen nichts zu tun. Wollen Sie de*n anderen* so oder so haben, damit *Sie* sich wohler fühlen? Es geht um *Ihr* Wohlbefinden, das dadurch, wie Sie annehmen, dass sich andere fühlen, beeinträchtigt oder gar gefährdet werden kann.
Genaues über das emotionale und mentale Strickmuster eines Menschen lässt sich nur erfahren, wenn wir mit ihm oder ihr sprechen und längere Zeit zusammen sind. Halten wir an unseren anfänglich erfundenen Meinungen über den anderen fest, können wir keine wirkliche Beziehung schaffen. Es entsteht eine illusorische Beziehung. Wenn der andere das Gleiche macht, ist die Illusion vollkommen, ein wirkliches Treffen findet nicht statt. Sondern: Es treffen sich zwei Ideen.

Aus dem Verhalten der Frau, die Ihnen mit einem Hund begegnet, Sie aber nicht grüßt und scheinbar nicht wahr-

nimmt, weil sie so sehr in Gedanken ist oder hundehalterfürsorglich dessen Entleerung auf dem Grünstreifen neben dem Gehweg beäugt (... so ist's brav, gute Sissi!), könnten Sie Schlüsse ziehen, wie sie ist, und ihr Verhalten interpretieren: *Schaut mich nicht mal an! Ist nur an ihrem Hund interessiert!*
Kommen solcherlei Gedanken, statt einfach das Geschehen betrachtet zu haben, hat eine innerliche »Aufregung« stattgefunden.
Vorbei ist der Zustand der inneren Ruhe, der Gelassenheit. Jetzt ist der andere mit dem anderen (Mensch mit Hund) nicht mehr einfach ein Bild, das Sie aufzeichnen, jetzt werden an das Bild Gedanken und Emotionen angehängt. Wie: Die Frau ist arrogant, abweisend, desinteressiert, ignorant, eingebildet.
Doch da Sie nur das erkennen können, was Sie von sich kennen, sind das auch Ihre Eigenschaften.

Es kann sein, dass Sie diese oder jene Eigenschaft besonders schlecht oder besonders gut beurteilt haben. So sind Sie z. B. überzeugt, dass Ihre Sparsamkeit gar nicht gut ist. Diese Überzeugung stammt nicht von Ihnen, sondern jemand hat Ihnen mitgeteilt, dass dies Geiz ist. Sie haben es akzeptiert, nun fühlen Sie sich mit Ihrer Sparsamkeit nicht mehr wohl.

Alle anderen, die Ihre abgelehnten, schlechten Eigenschaften scheinbar aufweisen, werden nun von Ihnen abgelehnt. Triebregungen sind ein ausgezeichnetes Beispiel, wie wir eigene abgelehnte, unterschwellige Regungen im

anderen, der sich die Freiheit nimmt, diese zu leben, heftigst kritisieren und ablehnen.
Umgekehrt können Sie andere bewundern, die Eigenschaften haben, die Sie gerne bei sich selbst hätten entfalten lassen, aber es nicht taten, sich nicht zu ihnen bekannten. Ja, da sind die Sehnsüchte, einmal auf der Bühne zu stehen, Sie wollten auch einmal, Sie hätten ja das Talent ... und nun bewundern Sie diesen oder jenen Künstler.

Wie soll denn eine wertschätzende Beziehung mit dem anderen entstehen, wenn Sie zu Ihnen selbst nicht besteht, mit allen Ihren Eigenschaften und Gefühlen, Ihrem inneren Strickmuster? Wie können Sie dem anderen wirklich begegnen, wenn Sie bereits eine stattliche Sammlung von beschrifteten Etiketten auf DAS - den anderen - angelegt haben?

Die Entscheidung für Sympathie oder Antipathie, Zuneigung oder Ablehnung findet statt, wenn Sie eigene willkommene, gute Eigenarten vorfinden oder nicht vorfinden. Das kann sich steigern, wenn Sie den anderen näher kennen lernen und Sie auch die gleichen Spirituosen, Speisen, Urlaubsziele, Boutiquen, Hunderassen bevorzugen und Weltanschauungen, Ideen, politische oder spirituelle Überzeugungen teilen. Dann wird es ganz große Freundschaft, Liebe oder völlige Ablehnung, wenn dem nicht so ist.
Je mehr Sie den anderen ablehnen (dessen schlechte Eigenarten bis jetzt nur Vermutungen sind), desto ärger

wird es kommen, wenn Sie mit dem anderen zusammen sein müssen. Beispielsweise zusammenarbeiten, eine Stunde eng nebeneinander im Zug sitzen, etwas verkaufen müssen. Große und kleine Kriege, subtile und heftige Kämpfe, Verletzungen, Mobbing finden statt, weil die zugewiesenen Eigenschaften eines oder mehrerer Menschen mit einem Urteil belegt werden. Und welche Zwickmühle, wenn der andere oder die anderen später gute Eigenschaften offenbaren.
Andererseits: Je mehr Sie den anderen hochloben, dessen gute Eigenschaften auch nur vage Einschätzungen sind, desto tiefer kann der Fall sein, wenn der andere auch schlechte Eigenschaften offenbart.

Die größte Leistung ist nicht, sich eine Meinung oder ein Urteil zu bilden, sondern es wieder zu ändern. Das ist Lebendigkeit, Freiheit, Weisheit. Beharren ist Enge, Stagnation, Ignoranz.

Hier noch ein Beispiel einer klassischen Projektion, von Ken Wilber:
❛ Eine Frau beginnt eine Therapie. Sie kennt an sich nur negative Seiten. Ihren Therapeuten findet sie großartig. Alle ihren guten Seiten projiziert sie auf ihn. Sie bewundert ihn, sie betet ihn an, liebt ihn insgeheim. Zum Zeichen ihrer Dankbarkeit schenkt sie ihm eine wunderbare blaue Krawatte, weil »sie so gut zu Ihren wunderbaren blauen Augen passt, die so voller Weisheit sind«.
Nun hat der Therapeut aber braune Augen. Er nimmt einen Spiegel, hält ihn ihr vor und fragt: »Wer hat denn

nun die wunderbaren blauen Augen, die voller Weisheit sind?« Natürlich war es sie selbst.

> Probieren Sie einmal:
> Sie können sich jetzt, wenn es der Moment erlaubt, einmal alle die Menschen zurückrufen, die Sie schon mit Meinungen und Urteilen belegt haben. Menschen, die Ihnen heute, bis jetzt, begegnet sind. Menschen, denen Sie flüchtig begegnet sind oder mit denen Sie viel Zeit verbracht haben.

Bis hier hat in den geschilderten Begegnungen nicht viel Kommunikation stattgefunden. Es sind schon Punkte, Noten, Meinungen, Vermutungen über Eigenschaften, Verhalten, Gefühle auf dem Konto des anderen angelegt. Der weiß davon nichts. Wie werden Sie ihm beim nächsten Mal begegnen: als ein DAS, welches sich ständig verändert, oder einer etikettierten, statischen PERSON?

Interpretationen

Interpretationen sind des Verstandes liebstes Spiel. Aus Annahmen, Verdächtigungen, Hypothesen und nachfolgenden Wertungen entstehen ganze Spielfilme im Kopf über DAS. Ohne das Geringste zu wissen oder nur Fragmente über das wirkliche DAS oder GESCHEHEN erfahren zu haben, bilden wir Schlussfolgerungen und oftmals folgt dann eine Reaktion.

So können Beziehungsmöglichkeiten mit anderen von vorneherein belastet oder unmöglich werden. Natürlich gibt es auch die »positive« Variante, dass wir dem DAS alles mögliche Gute, Schöne, Attraktive, Reizende, Sanftmütige, Erotische, Intelligente unterstellen. Und das erleichtert den Beginn einer Beziehung.

Wie schnell Sie Situationen und Menschen beurteilen und zu Interpretationen neigen, können Sie bei folgendem Geschehen beobachten (die Geschichte ist von Stephen R. Covey):

❛ Ich fuhr an einem Sonntagvormittag in der U-Bahn. Die Passagiere saßen still da, manche lasen Zeitung, andere waren in Gedanken verloren, einige hatten die Augen geschlossen und ruhten sich aus. Es war eine ruhige, friedliche Szene.
Dann stieg ein Mann mit seinen Kindern ein. Die Kleinen waren laut und ungestüm. Die ganze Stimmung änderte sich abrupt. Der Mann setzte sich neben mich und machte die Augen zu. Er nahm die Situation offenbar überhaupt nicht zur Kenntnis. Die Kinder schrien herum, warfen Sachen hin und her, zerrten sogar an den Zeitungen der anderen Fahrgäste herum. Sie waren sehr störend. Aber der Mann neben mir tat gar nichts.
(Haben Sie sich schon ein Urteil über den Mann, der vielleicht der Vater ist, und die Kinder gemacht? Wie finden Sie die Situation? Wen lehnen Sie ab oder wem stimmen Sie zu?)
Es war schwierig, nicht davon irritiert zu sein. Ich konnte

nicht fassen, dass er so teilnahmslos war, dass er seine Kinder dermaßen herumtoben ließ und nichts dagegen tat, überhaupt keine Verantwortung übernahm. Es war deutlich, dass sich auch die anderen Fahrgäste in der U-Bahn ärgerten. Mit einer aus meiner Sicht ungewöhnlichen Geduld und Zurückhaltung sprach ich ihn schließlich an:
»Ihre Kinder stören wirklich sehr viele Leute hier. Könnten Sie nicht vielleicht Ihre Kinder etwas mehr unter Kontrolle bringen?«
(Haben Sie sich schon ein Urteil über den Mann, der jetzt gesprochen hat, und über die anderen Fahrgäste gemacht? Wie finden Sie die Situation? Wen lehnen Sie ab oder wem stimmen Sie zu?)
Der Mann hob die Augen, als ob er sich zum ersten Mal der Situation bewusst würde, und sagte leise:
»Oh, Sie haben Recht. Ich sollte etwas dagegen tun. Wissen Sie, wir kommen gerade aus dem Krankenhaus, wo ihre Mutter vor einer Stunde gestorben ist. Ich weiß überhaupt nicht, was ich denken soll, und die Kinder haben vermutlich auch keine Ahnung, wie sie damit umgehen sollen.«
(Nun, haben sich Ihre Urteile, Betrachtungsweisen geändert?) ❞

Hier noch einmal eine der ersten »Begegnungen«:

❝ Ich möchte eine Zeitung kaufen. Ich halte an einem Kiosk. Ein Mann sitzt drin, schaut gelangweilt aus dem Fenster, saugt an einer Zigarette. »Guten Tag. Eine Abendzeitung.« »Eine Abendzeitung.« Er dreht sich langsam um, nimmt die Zeitung, dreht sich wieder um, schiebt die Zeitung über die Theke, ohne mich anzusehen: »Sechzig.« Ich lege das Geld in die übliche Glasschale, sie ist schon alt, hat Tausende von Münzen auf sich fallen lassen erlebt. Ohne mich anzusehen, nimmt er das Geld, es verschwindet in einer Schublade, wo es klappernd in zwei Kunststoffbehältern landet. Große Münze da rein, kleine Münze dort rein. Der Mann hält die Augen auf die Theke gerichtet. Ich nehme die Zeitung. »Danke. Wiedersehen«, sage ich. »Grüß Gott«, murmelt er. Ich drehe mich um und gehe zurück zum Auto.

Mögliche Gedanken beim Zurückgehen: Der Verkäufer ist nicht freundlich. Verkäufer sollten aber freundlich sein. Ein Mann, der nicht reden will. Bei solcher Arbeit muss man aber mit Kunden reden. Vielleicht war es nicht genug für ihn, ihm nur eine Zeitung abzukaufen. Aber mehr brauche ich gerade nicht. Geradezu demonstrativ hat er mich nicht beachtet. Ob ihm mein Dialekt nicht passt? Ob er überhaupt etwas wahrnimmt, was außerhalb seines Kiosks stattfindet?

Am übernächsten Tag, da ich wieder eine Zeitung bei ihm kaufte, fragte ich, wie es ihm gehe. Er schaute auf und sagte mir, dass er vor einer Woche von zwei Jugendlichen überfallen und ausgeraubt wurde. Jetzt zweifle er an der Menschheit, den Jungen, gerade weil er auch einen jugendlichen Sohn hat. Und er mache sich so seine Gedanken.

Ein weiterer Fall:

❛ Ein Mann will ein Bild aufhängen. Einen Nagel hat er, aber keinen Hammer.
Der Nachbar, das weiß er, hat einen Hammer.
Also beschließt der Mann, hinüberzugehen und ihn auszuborgen.
Doch da kommt ihm ein Zweifel und er überlegt:
»Was, wenn der Nachbar mir den Hammer nicht leihen will? *(Selbstzweifel und Vermutung.)*
Gestern schon grüßte er mich nur flüchtig. *(Interpretation.)*
Nun ja, vielleicht war er in Eile. *(Eine Vermutung.)*
Aber vielleicht war die Eile auch nur vorgetäuscht, und er hat etwas gegen mich. *(Noch eine Vermutung.)*
Und was, wenn ich fragen darf? Ich habe ihm schließlich nichts getan; der bildet sich da was ein! *(Ein Urteil.)*
Also, wenn jemand sich von mir ein Werkzeug borgen wollte, ICH gäbe es ihm sofort. *(Ganz sicher?)*
Und warum er nicht? Wie kann man einem Mitmenschen einen so einfachen Gefallen abschlagen? Leute wie dieser Kerl vergiften einem das Leben. *(Noch ein Urteil.)*
Und dann bildet er sich vielleicht noch ein, ich sei auf ihn angewiesen. *(Nächste Vermutung.)*
Bloß weil er einen Hammer hat. Jetzt reicht es wirklich!«
Und so stürmt er hinüber zum Nachbarn, läutet, der Nachbar öffnet, doch bevor er »Guten Tag« sagen kann, schreit ihn unser Mann an:
»Behalten Sie doch Ihren verdammten Hammer, Sie Rüpel!« *(Eine Reaktion.)* ❜

Eine wahre Geschichte:

❛ An einem sonnendurchtränkten Wintertag geht ein Passant am frühen Morgen über eine Brücke in Luzern. Auf dem Boden sitzt ein Mann. Ein Landstreicher. Bart und Kopfhaare sind schneeweiß. Neben ihm ein Fahrrad mit darauf festgebundenem Hab und Gut, daneben ein Plastiksack.
(Ein bekanntes Bild für Großstädter. Man kann es sich vorstellen, eine Meinung bilden, ein Urteil abrufen über Landstreicher oder Obdachlose, die auf dem Boden sitzen. Rufen Sie das ab, was Ihnen dazu einfällt. Interpretieren Sie jetzt mal richtig drauflos.)
Vor dem Landstreicher liegen fotokopierte Seiten mit einer kleinen Schrift. Der Passant hebt einige der Seiten auf, blättert darin flüchtig. Er liest eine Art Poesie. Indische oder chinesische Philosophie, die der Landstreicher geschrieben hat. Worte, die das Herz des Passanten rühren. Er gibt dem Landstreicher Geld dafür und geht weiter.
Der Landstreicher wurde nicht mehr gesehen. Der Passant veröffentlichte die Poesie mit Hilfe eines Verlages. Hier ein Auszug daraus:

Poesie eines Landstreichers

»Willst du in der Welt ruhen
Musst du den Geschmack der Welt lieben
Willst du den Geschmack der Welt lieben
Musst du ihn kennen lernen

Willst du ihn kennen lernen
Musst du feinfühlig werden
Willst du feinfühlig werden
Musst du allen Widerstand aufgeben
Willst du allen Widerstand aufgeben
Musst du auf dem Fleck sitzen bleiben
Musst stehen bleiben, wo du stehst –
Das Festgehaltene weicht von dir
Das Unterdrückte gesellt sich zu dir
Dein Ich stirbt tausend Tode
Die Welt wird in dir geboren.«

Sie sehen, Interpretationen sind ein dünnes Eis. Es ist eine Selbsttäuschung. Eine Verschwendung von mentaler Energie, die Sie besser für etwas Praktisches nutzen können, für das, was jetzt ist und mit Ihnen zu tun hat. Eine Beziehung, die auf Interpretationen aufgebaut wird oder sie dauerhaft enthält, ist kein wirkliches Begegnen. Es ist, wie wenn sich zwei Filme in zwei Köpfen abspielen (es können auch Filme in mehreren Köpfen sein: Paare, Freunde, Vereine, Stämme, Völker) und sich wähnen, eine Beziehung zu bilden. Alle Beteiligten spüren sehr wohl, dass sie sich nicht wirklich treffen, dass sie ein Spiel spielen. Unbefriedigtsein ist das, was bleibt. Daher der Hunger, die Sehnsucht, einmal einen Menschen wirklich zu treffen.

Probieren Sie doch einmal:
An Ihrem Arbeitsplatz, beim Einkauf, beim Schlendern auf der Straße die Menschen oder alles andere, was es gibt, einfach nur zu betrachten. Erhaschen Sie den winzigen Moment, wo der Verstand eine Geschichte um ein DAS oder GESCHEHEN bildet. Lauschen Sie dem Geplapper über Eigenschaften, Urteile, Interpretationen. Fragen Sie: Wozu ist das gut? Es wird verstummen. Wenn sich das Geplapper beobachtet fühlt, zieht es sich wie ein erwischter Dieb zurück.

Das Denken erschafft die Welt
und behauptet dann:
Ich war's nicht.

Vergleiche

❛ Mehrere Frauen sitzen im Wartezimmer der Arztpraxis. Nachdem sie die ausliegenden Zeitschriften durchblättert und der Geschichten genügend gelesen haben, die nicht mehr aktuell sind und nichts mit ihnen zu tun haben, schauen sie sich um. Da sind andere Frauen, die größer, kleiner, zierlicher, korpulenter, blonder, dunkler, gesünder, kränker, attraktiver, besorgter aussehen. ❜

Es ist ein scheinbarer Automatismus des Verstandes, eine Unterscheidung und einen Vergleich zu machen. Verglei-

che zwischen Ihnen und einem anderen, einem DAS und einem anderen DAS. Der andere ist aber nicht größer. Er oder sie selbst sind, was sie sind. Für sich selbst allein sind sie weder groß noch klein, weder attraktiv noch hässlich, weder liebevoll noch bösartig. ES ist, wie es ist. Der Vergleich findet in Ihnen als Betrachter statt, der ein Verhältnis zwischen Ihren Wahrnehmungen erfindet.
Sich selbst erniedrigend oder kleiner machend finden Sie möglicherweise, dass der andere besser, klüger, cleverer, erotischer, schöner, gesünder, größer, männlicher, fraulicher ist.
Umgekehrt können Sie sich erhöhen und größer machen, wenn Sie finden, der andere wäre dümmer, langsamer usw.
Wären Sie allein auf dieser Welt, Sie könnten sich nicht vergleichen. Sie hätten kein Ich, das Sie beschreiben könnten, weil kein Du da ist.

Kommen Sie zurück zu der Tatsache, dass Sie den anderen erschaffen, in Ihrem Kopf. Da ist ein DAS. Dem geben Sie Eigenschaften, bilden dazu eine Meinung, ein Urteil, und stellen nun noch einen Vergleich her.
Wozu der Vergleich mit anderen? Können wir die anderen nicht als DAS annehmen, was sie sind?
Es erleichtert uns die Beziehungsfähigkeit, wenn wir keine Rangordnung herstellen.

Vergleiche entstehen durch das gefahrenabschätzende Reptiliengehirn. Bin ich stärker, ist der andere eine Gefahr?

Da ist der Minderwertigkeitskomplex (ein Irrtum, wie sich herausstellt, wenn Sie keine Vergleiche mehr anstellen), der Vergleiche schafft. Da ist der Überlegenheitskomplex (das Gegenteil), der Vergleiche anstellt. Beide können nur durch einen Vergleich, durch ein Verhältnis zwischen zwei DAS existieren.

Sollten Sie Tendenzen bei sich kennen, dem einen oder anderen Gedanken glauben zu schenken, dann möchte ich für Sie Nelson Mandela aus seiner Antrittsrede 1994 zitieren:
»Unsere tiefste Angst ist nicht, dass wir unzureichend sind.
Unsere tiefste Angst ist, dass wir über die Maßen machtvoll sind.
Es ist unser Licht, nicht unsere Dunkelheit, das uns am meisten ängstigt ...
... indem wir unser eigenes Licht scheinen lassen,
geben wir unbewusst anderen Menschen die Erlaubnis,
das Gleiche zu tun.
Indem wir uns von unserer eigenen Angst befreit haben,
befreit unsere Gegenwart automatisch andere.«

Vergleichen Sie auch, wenn Sie vor einem hohen Haus stehen oder einer groß gewachsenen Tanne? Wenn Sie einen Vogel, einen Wurm, den Himmel betrachten? Alle haben nichts dazu getan, größer, kleiner, weiter zu sein. Es war nicht die Absicht des Hauses oder des Baumes, Sie durch ihre »Größe« klein, oder Absicht des Himmels, Sie beschränkt, klein und eng zu machen. Es ist nicht die Absicht eines Menschen, Sie in irgendeiner Weise kleiner oder größer, schöner oder hässlicher, klüger oder dümmer, bewusster oder unbewusster zu machen, dadurch, dass er so ist, wie er ist. Schließlich wird er und DAS, was ist, zu dem, was es ist, durch das von Ihnen beschriebene Aussehen und Verhältnis.

Das Vergleichen ist eine Idee, die mit der Wirklichkeit nichts zu tun hat. Sie mögen reichere Menschen kennen. Doch hinter der Erscheinung kann es anders aussehen. So sagte Aristoteles Onassis: »Ein reicher Mann ist oft nur ein armer Mann mit sehr viel Geld.«

Das Vergleichen hindert uns daran, eine wirkliche Beziehung mit einem Menschen einzugehen. Ob es das kurze Treffen am Kiosk, in der Bäckerei, in der U-Bahn, das Zusammensein mit Kollegen, ein Verkaufsgespräch, eine Konferenz sei - Sie treffen Ihre Erfindungen, die sich in Ihrem Kopf befinden. Wie viel Freiheit und Möglichkeiten für eine wirkliche Beziehung oder ein vorbehaltloses Treffen können Sie dem anderen und allem, was ist, geben, wenn Sie die Vergleiche nicht machen? Alle!
Dazu eine Aussage von Epitectus: »Menschen werden nicht durch ETWAS gestört, sondern durch deren Sichtweise des ETWAS.«

Probieren Sie es aus:
Beim nächsten Spaziergang, beim Gang in die Kantine oder jetzt. Schauen Sie sich die anderen, den anderen, Ihre Umgebung unaufdringlich an. Sind Sie gefährdet, größer oder kleiner dadurch, dass das andere so ist, wie es ist?

Noch ein Etikett verschleiert die Sicht – die Erinnerung

❛ Petra ist nervös und aggressiv während der Arbeit. Das ist für sie neu. Was ist geschehen? Seit einer Woche hat sie eine neue Kollegin. Die ältere Frau sitzt zwar im Zimmer nebenan, doch die Tür steht immer offen. Petra kann ihre Stimme bei jedem Telefonat und Gespräch mit anderen Kollegen hören. Wie diese Frau redet, was diese Frau redet! Diese Kollegin ist es, die sie reizt, nervös und aggressiv macht. Bei jedem direktem Begegnen mit Karin wird Petras Kommunikation sarkastisch, schnippisch; es steigert sich im Laufe der Wochen ins Zynische. Braucht Karin einen Rat oder Unterstützung bei einer umfangreichen Arbeit, verfällt Petra in Passivität. Sie gibt erst einmal keinen Rat, lässt die Kollegin auf Hilfe von ihrer Seite warten. Soll sie doch sehen, wie sie klarkommt! Ihre Kollegin wird zunehmend ärgerlicher. Petra ist ständig angespannt und leidet selbst unter ihrem Zustand. ❜

❛ Karin hat einen neuen Arbeitsplatz gefunden. Nach einigen Tagen beginnt sie zu zweifeln, was mit ihr los ist. Das, was ihre Arbeit ist, macht ihr Freude. Doch mit der Kollegin Petra, die schon länger in diesem Unternehmen ist und nebenan arbeitet, hat sie Probleme. Sie ist dumm! Sie ist wie ein kleines, widerspenstiges Kind! Was hat Karin ihr getan? Nichts, als neu hier zu sein, oder? Karin ärgert dieses unreife Verhalten. Ihren Ärger kann sie nicht lange für sich allein behalten, er platzt bei immer mehr

Situationen heraus. Karin fühlt sich mit sich und der Kollegin und dem Arbeitsplatz gar nicht mehr wohl. Nach einigen Wochen hat sich beider Verhalten eingespielt, wird zur Routine, einer Dauerbelastung.

Das sind alltägliche Geschichten. Es sind kurze oder dauerhafte Begegnungen. Da sind z. B. folgende Beteiligte: Sie und der Zugbegleiter, die Taxifahrerin, der Kassierer an der Supermarktkasse, der Kollege, die Mitarbeiterin, der Vorgesetzte, der Polizist, der Richter oder Ihr Partner, Ihr Kind.

Die anderen Beteiligten lösen eine unbewusste Erinnerung an jemand aus, der einmal eine Rolle in Ihrem Leben spielte. Da ist etwas Schmerzhaftes - körperlich oder emotional - geschehen und führte zu einem Konflikt, der nicht gelöst werden konnte. Sie oder wen immer Sie kennen, der so handelt, waren vielleicht zu schwach, zu klein, zu mutlos, um ihn zu diesem Zeitpunkt zu lösen. Da gab es tyrannische Väter, kontrollierende Mütter, stärkere Brüder, schönere Schwestern - die Ihnen jetzt in dem anderen begegnen. Wenn Sie nicht aufmerksam sind und dem anderen unbewusst eines der Erinnerungsetiketten aufkleben, geraten Sie in einen Strudel. Der andere kann sich da mit reinreißen lassen. Dann sind beide Menschen darin gefangen.

Dieser Prozess heißt »Übertragung«. Haben Sie eine unbewusste Erinnerung auf den anderen übertragen, entsteht der ungelöste Konflikt wieder (er will gelöst werden, klopft wieder an). Die üblichen Rezepte für den Umgang mit diesem bedrohlichen anderen sind Widerstandsreaktionen. *Dieses Gefühl möchte ich nicht mehr erleben!* Was tun? Aggressiv werden, nichts tun, passiv werden, das Gegenteil tun von dem, was sie tun sollen oder müssen.

Für den anderen ist es nicht klar, dass er oder sie dieses Etikett von Ihnen bekommen hat. Er weiß nichts von seiner tyrannischen, kontrollierenden, quälenden, stärkeren, schöneren, cleveren, schnelleren, schlaueren Rolle, die er in der Begegnung spielt. Der andere ist es nicht. Es ist ein Etikett, das Sie erschaffen haben.
Der andere erfährt den Widerstand. Durchschaut er ihn nicht, geht er ebenfalls in Reaktion und beginnt sich zu wehren gegen den dummen, infantilen, unverständlichen Widerstand. Vielleicht wird auch er aggressiv, ärgerlich, wütend.
Und wenn sie nicht gestorben sind oder sich getrennt haben, kämpfen sie noch heute. Doch damit ist der Konflikt nicht gelöst. Er wartet auf Erlösung.
So kann keine offene Begegnung, kein Treffen von den wirklichen Partnern in einer Beziehung stattfinden.

Probieren Sie einmal:
Sie können sich jetzt, wenn es der Moment erlaubt, einmal alle die Menschen zurückrufen, mit denen Sie ähnliche Begegnungen hatten, oder die aktuellen Beziehungen, die davon geprägt sind.

Karin und Petra oder Sie und alle anderen haben keine Chance, aus dem Spiel auszusteigen, solange alle Beteiligten einer Trance erliegen. Sie beinhaltet: Erinnerungen als Gegenwart zu halten. Nicht auszusprechen, was sich innerlich abspielt. Einem Konflikt besser auszuweichen, als ihn zu lösen. Nicht in humorvoller Übertreibung die Trance aufzulösen.

Probieren Sie einmal:
Sie können sich eine Situation aussuchen, die Sie kennen, wo eine Übertragung besteht oder bestand. Übertreiben Sie für sich die Situation – gründlich, maßlos, hemmungslos. Sie tun es für sich.
Beobachten Sie anschließend, wie sich Ihre Wahrnehmung der Situation verändert hat.

Erwartungen

Von der Bahn erwarten wir, dass sie einigermaßen pünktlich kommt und uns dorthin bringt, was der Fahrplan anzeigt. Beim Einkaufen erwarten wir, dass da, wo ein Kilo draufsteht, auch ein Kilo drin ist. Beim Salzen erwarten wir, dass die Speise salzig schmeckt. So weit ist das mit dem Erwarten ganz normal und stimmig. Was jedoch Begegnungen und Beziehungen betrifft, können unausgesprochene, starre Erwartungen, die in Ihrem Verstand formuliert werden und auf Erfüllung lauern, daran was und wie es geschieht, die Quelle von Frustration oder Langeweile sein.

Wenn Begegnungen nicht immer wieder neu, unvoreingenommen, offen, erneuernd, verändernd stattfinden, dann stagnieren sie. Aus der Sicht, dass sich alle und alles ständig verändert, sind Erwartungen eine Illusion. Ein illusorisches Hoffen, Wünschen, Vermuten, Annehmen, Glauben - sie sind Spannung im Sinne von Anspannung. Anspannung ist anstrengend. Geschieht nicht, was Sie erwarten, dann folgt Verwirrung, Enttäuschung, Ärger. Sie fühlen sich sogar betrogen vom anderen und dem Rest der Welt. War es ein Hoffen, folgt Hoffnungslosigkeit.

Dabei ist es das Neue, das Unerwartete, das Wechselnde, was das Leben erfrischend macht, was auch kurze Kontakte erfreulich macht, was Beziehungen lebendig gestaltet und erhält, was Partnerschaften wachsen lässt, was kreative und dynamische Unternehmen auszeichnet.
Lebendige, offene Beziehungen haben keine festgeschriebenen Erwartungen. Sie mögen ritualisierte Begegnungen haben. So, wie Sie Ihren Partner begrüßen, wie Sie mit Ihren Kunden reden, wie Ihr Verhalten mit Freunden ist. Aber lassen Sie auch die Möglichkeiten des Veränderns, des Neuartigen offen.

Geschichten:

❛ Augen treffen sich kurz beim Blick aus dem Auto nach links, wo auch ein Auto vor der Ampel wartet. Beide Fahrer schauen sich an. Sie schauen nicht wie ertappt sofort in eine andere Richtung. Sie schauen einfach, betrachten sich. Ein kurzes Lächeln, beide fahren weiter. ❜

❛ Ich möchte eine Zeitung kaufen. *(Sie erinnern sich an die Geschichte?)* Ich halte an einem Kiosk. Ein Mann sitzt darin, schaut gelangweilt aus dem Fenster, saugt an einer Zigarette. »Guten Tag. Eine Abendzeitung.« »Eine Abendzeitung.» Er dreht sich langsam um, nimmt die Zeitung, dreht sich wieder um, schiebt die Zeitung über die Theke, ohne mich anzusehen: »Sechzig.« Ich lege das Geld in die übliche Glasschale, sie ist schon alt, hat Tausende von Münzen auf sich fallen lassen. Mich ansehend, sagt er lächelnd: »Zwölf Seiten über das, was vorbei ist, und das, was vielleicht wird, aber nichts Sicheres.« Ich lächle zurück. »Stimmt, und trotzdem lese ich gerne Zeitung, wie ein Ritual.« Er nimmt das Geld, es verschwindet in einer Schublade, wo es klappernd in zwei Kunststoffbehältern landet. Große Münze da rein, kleine Münze dort rein. Der Mann hebt noch einmal winkend die Hand. »Danke. Auf Wiedersehen«, sagt er. »Dann bis zum nächsten Mal«, sage ich und gehe zurück zum Auto. ❜

❛ Karin *(aus der Geschichte im vorigen Kapitel)* ist am Arbeitsplatz. Sie kommt mit den Unterlagen nicht klar, sucht Informationen. Sie weiß, dass ihre Kollegin Petra die Informationen bestimmt hat. Sie möchte zwar den Kontakt mit ihr möglichst gering halten, aber jetzt muss sie Petra fragen. Angespannt und in Erwartung von Petras Abweisung oder flapsigen Kommentaren geht sie zu ihr und fragt. Diesmal schaut Karin sie an, zeigt ihr sofort die Stelle in den Unterlagen, wo sie die Informationen finden kann, und fügt hinzu: »Ich fühle mich schon seit langem nicht wohl, wie wir miteinander umgehen. Mein

Bedürfnis ist, mich wieder wohlzufühlen. Von mir aus können wir jetzt mit dem Kämpfen aufhören. Was kann ich dazu tun, dass es uns besser miteinander geht?«

Erwartungen entstehen, um zu bekommen, was Sie bekommen möchten: Erwartete Antworten, Verhalten, Zustände in Beziehungen. Erwartungen entstehen nicht, wenn Sie es zulassen, dass Neues in der Beziehung geschieht. Stellen Sie sich doch einmal die missliche Lage vor, alles würde eintreffen, was Sie erwarten. Sie lebten wie in der Vergangenheit, da alles schon vorgedacht, vorgeplant wurde. Keine Überraschung, nichts Neues!
Wenn immer das Gleiche geschieht, führt es zu Langeweile, Routine. Nichts gegen die Routine, da, wo sie angebracht ist - es ist anstrengend, jeden Tag das Leben neu zu gestalten und ständig neue Wege zum Arbeitsplatz zu fahren. Doch ständige Wiederholung kann Sie niemals befriedigen. Immer genau die Antworten, Kommentare, Geschenke zu erhalten, die Sie von Ihrem Partner gewöhnt sind. Immer das Übliche zu erleben ...

Ohne starre Erwartungen können Sie in jeglichen Beziehungen zu dem anderen, den anderen und allem anderen das Gegenteilige von Enttäuschung, Frustration oder Langeweile erleben: Originelles, Frisches, Neues, Überraschendes, Erfüllendes.

Probieren Sie doch jetzt:
Welchen Katalog von Erwartungen oder Bedingungen haben Sie angelegt, was eine Beziehung beinhalten muss? Was darf geschehen, was darf nicht geschehen?
Wie viele Ihrer Erwartungen an den oder die anderen wurden wirklich erfüllt?
Wie viele Ihrer Erwartungen an das Leben wurden wirklich erfüllt?
Und: Wie fühlte es sich für Sie an, weniger oder keine Erwartungen zu haben?

Das Unerwartete ist die Würze des Lebens. Der Humor in der Beziehung, der Leichtigkeit und Intimität erzeugt. Wie bei einem Witz. Sie hören jemand zu, der Ihnen einen Witz erzählt. Der Verstand folgt den Worten, folgt der Geschichte. Eine Erwartung, wie die Geschichte wohl weitergeht, entsteht. Sie sind sich schon sicher, was als Nächstes kommt. Und dann die plötzliche Wende. Etwas völlig anderes geschieht – Paradoxes, Absurdes, Unerhörtes. Gänzlich außerhalb jeglicher Erwartung:
Frau Becker und ihre Nachbarin unterhalten sich über ihre pubertierenden Kinder.
»Bekommen Sie Ihren Sohn morgens auch so schwer aus dem Bett?«, fragt die Nachbarin.
»Nein«, erwidert die Nachbarin. »Ich mache die Tür auf und werfe die Katze auf sein Bett.«
»Wie, das weckt ihn auf?«
»Er schläft mit dem Hund!«

Erwartungen sind ein mentaler Akt, sich über den anderen und alles andere zu erheben. Sie glauben zu wissen, wie es sein soll oder werden soll. Damit wird das abgelehnt, was der andere zu sagen, zu tun oder nicht zu tun hat. So schleicht sich Verurteilung in Beziehungen, die stark von Erwartungen geprägt sind, die nicht erfüllt werden. Die unausgesprochene Verurteilung ist das Gift in Begegnungen, Beziehungen oder Partnerschaften. Ideen, Vorstellungen, Konzepte über »ideale« Beziehungen oder Partnerschaften oder Freundschaften führen zu ständiger Verurteilung und Enttäuschung, da keiner und nichts das Ideal sein oder halten kann. Denn: Es verändert sich!

Dazu eine Geschichte:

Mulla Nasruddin, eine bekannte Figur aus orientalischen Geschichten, überquerte den Dorfplatz, als sich ihm ein Mann näherte und zu ihm sagte: »Weißt du, dass deine Frau dich betrügt?« Mulla antwortete sofort entrüstet: »Das ist unmöglich. Meine Frau würde mir niemals untreu sein!« Der Mann entgegnete: »Ich kann es dir beweisen. Sie hat heute Abend um zwölf Uhr ein Rendezvous unter dem Feigenbaum am Ende des Dorfes.«
Nasruddin war sehr aufgebracht, und er sah ein Duell mit dem Liebhaber seiner Frau auf sich zukommen und kaufte sich sogleich einen Säbel. Er übte den ganzen Tag den Zweikampf, und um elf Uhr ging er in einem schrecklichen Geisteszustand zum Feigenbaum.
Er kletterte auf den Baum, und da er ein leidenschaftlicher Mann war, sprang er rasend vor Eifersucht und Wut

von Ast zu Ast. Er malte sich seine Frau in den Armen ihres Liebhabers direkt unter ihm aus und erprobte den Hieb, den er seinem Rivalen versetzen wollte, aus allen möglichen Winkeln.

Zehn Minuten vor Mitternacht hielt er inne, um zu lauschen, doch er hörte nichts.

Fünf Minuten vor Mitternacht befand er sich in einem unerträglichen Zustand der Aufregung und Erwartung.

Drei Minuten vor Mitternacht war noch kein Ton zu hören und jeder Nerv seines Körpers zum Zerreißen gespannt.

Um Mitternacht war er so unbeweglich wie ein zum Beutesprung ansetzender Tiger geworden. Aber unter dem Baum geschah immer noch nichts.

Da traf eine ungeheuerliche Einsicht blitzartig sein ganzes Wesen: »Ich bin Junggeselle!« ❜

Werte verbinden oder trennen

Rudi ist intelligent und ein lernbegeisterter Mensch. Er liest gerne, lernt gerne Neues, hat schon einige Ausbildungen gemacht. Sein Interesse gilt dann ganz der neuen Sache, die jetzt sein Leben voll bestimmt. Oftmals sind es Dinge, die mit Gruppen oder Teams gemacht werden. Gleichzeitig hat er keine der Ausbildungen zu seinem Beruf gemacht - bis jetzt. Sein Interesse gilt auch vielem anderem wie Konzerten, Reisen, Literatur.

Seine inneren Werte sind Lernen, Erleben, Vielfalt.

Hans ist auch intelligent und ein genießerischer Mensch. Er hält sich nicht gerne in Gruppen oder Teams auf. Er arbeitet meistens alleine und konzentriert sich sehr viele Jahre auf ein Thema. Dies wird dann von allen Seiten beleuchtet und auch zu seiner Arbeit. Er lebt ein zurückgezogenes, von Ritualen bestimmtes Leben, aus dem er durch seine geistige Arbeit ausbricht.
Seine inneren Werte sind Alleinsein, Unabhängigkeit, Gelassenheit.

Clara ist eine hilfsbereite, aufmerksame Frau. Sie umgibt sich gerne mit Menschen, die mit ihr harmonieren, mit denen sie viel austauschen kann. Für ihre Freunde und Freundinnen ist sie immer da. Beruflich ist sie im Heil- und Pflegebereich tätig. Sie lebt ein von ständigen Kontakten und vielen Beziehungen geprägtes kommunikatives Leben.
Ihre inneren Werte sind Harmonie, Gesundheit, Teilen.

Simone ist eine aktive, lebenshungrige Frau. Ihre Arbeit findet mit Menschen statt, denen sie Rat und Hilfestellung gibt. Sie bekommt dafür Anerkennung. Ihre Partnerschaften sind wechselhaft, doch voller Intensität und Erotik. Sie genießt das Essen, Trinken, Rauchen. Sie reist gerne, kann mit Menschen leicht Beziehungen herstellen.
Simones inneren Werte ... die können Sie jetzt gleich oder später selbst herausfinden.

Innere Werte sind wie ein Leitstrahl oder Pfad im Leben, auf dem sich der Mensch bewegt. Der Leitstrahl kann eng oder weit sein, der Pfad kann gerade oder gezackt verlaufen. Die Werte kennt der Mensch nicht, wenn er geboren wird. Langsam beginnt er sich umzuschauen und Vorbilder zu kopieren. Oder er fühlt sich schutzlos und sucht durch den Wert einen Überlebensgarant.

In engen, langfristigen privaten und beruflichen Beziehungen offenbaren sich die Unterschiede der Werte deutlicher als in kurzen Begegnungen. Doch auch schon in kurzen Begegnungen können Sie die Werte erkennen, spüren, hören. Hier beginnt schon die Trennung oder Verurteilung, wenn die Werte des anderen heruntergespielt, ignoriert oder abgelehnt werden.

Hier einige Werte - welche werden Sie für sich finden?

- *Sicherheit*: Frei von Sorgen und Problemen sein, Gewissheit, Stabilität.
- *Abenteuer*: Neues entdecken, Risiken eingehen, Grenzen überschreiten, Spannung, Erregung.
- *Status*: Stellung, Position, Prestige, Image.
- *Leistung*: Aufgaben meistern, Weiterkommen. Tätig sein, aktiv sein, arbeiten, leisten.
- *Fortschritt*: Verbessern, erreichen, vorantreiben.
- *Gemeinschaft*: Mit anderen arbeiten, sein, feiern, spielen.
- *Sexualität*: Sex erleben, genießen, experimentieren.
- *Alleinsein*: Allein arbeiten, allein sein.

- *Autorität, Einfluss, Macht*: Befehlen, anordnen, anweisen.
- *Reichtum*: Wohlstand, Geld, Luxus, Privilegien.
- *Anerkennung*: Lob, Aufmerksamkeit, Bewunderung.
- *Unabhängigkeit*: Ohne Kontrolle, ohne Einschränkung.
- *Helfen*: Sich kümmern können, retten, heilen, pflegen.
- *Spielen*: Nutzloses Tun aus Freude am Tun.
- *Ethik*: Arbeit und Produkt stimmen mit Werten überein.
- *Mentale Erregung*: Intellektuelle Herausforderung.
- *Körperliche Erregung*: Aktivität, Bewegung, in der Natur sein.
- *Innerer Friede*: Innere Ruhe, Gelassenheit, Stille.
- *Emotionale Erregung*: Emotionale Anteilnahme, Frust, Leid, Lust, Freude, lockere Atmosphäre.
- *Geschlechtsidentität*: Mannsein/Frausein dürfen, Identität kultivieren.
- *Vielfalt*: Ständig Neues oder anderes, großes Spektrum.
- *Freude*: Erfahren, teilen, geben.
- *Kommunikation*: In Verbindung mit verschiedenen Menschen treten durch Wort, Schrift, Bild, Ton, Berührung.

- *Ästhetik*: Mit Schönheit arbeiten, schönes Wohnen.
- *Bequemlichkeit*: Einfachheit, easy-going, relaxtes Leben.
- *Gesundheit*: Wohlbefinden, Stärke.
- *Äußere Harmonie*: Freundschaftliche, herzliche Beziehungen.
- *Wärme/Liebe/Intimität*: Liebe erfahren, geben, Nähe erfahren, intim sein dürfen.
- *Spiritualität*: Bewusstes, authentisches, meditatives Leben.
- *Teilen*: Etwas mit anderen teilen, geben.
- *Genuss*: Essen, trinken, riechen, sehen, hören, fühlen, spüren.
- *Partnerschaft*: Verlässliche, dauerhafte Partnerschaften.

Wenn Sie sehr viele Werte finden, dann reduzieren Sie diese auf drei und dann schließlich auf einen Wert, der Ihnen am wichtigsten ist.

Beachten Sie, dass alle anderen auch Setzkästen mit Werten in sich tragen. Der Abenteurertyp wird schwerlich mit dem Sicherheitstyp leben können. In Unternehmen sind beide wichtig: Einer, der expandieren will, einer, der die Sache kontrolliert und vor Fehlschritten warnt. Einer fliegt den Flieger, einer achtet auf die Sicherheitseinrichtungen.
Der Leistungstyp und der Bequemlichkeitstyp finden es wohl auch schwierig, miteinander viel zu kommunizieren.

Der Harmonietyp und der Genusstyp können es schon besser miteinander. Zwei gleiche Partnerschaftstypen werden eine lange Partnerschaft eingehen können.
Was Beziehungen schnell entstehen lässt - von der Sympathie bis zur tiefen Freundschaft -, sind oftmals die gleichen Werte. Sie haben gleiche oder ähnliche Interessen, entdecken Verwandtes im anderen. Da fällt Beziehung leicht, ist wie selbstverständlich, da wird viel kommuniziert.

Was Ihre Reifeprüfung in Beziehungen wäre und diese stärkt, ist, die Werte des anderen anzuerkennen.

Zuneigung oder Abneigung

Liebe ist alles, was unser Leben steigert, erweitert, bereichert.
Nach allen Höhen und Tiefen.
Die Liebe ist so unproblematisch wie ein Fahrzeug.
Problematisch sind nur der Lenker, die Fahrgäste und die Straße.

Franz Kafka

Bis hierher wurde in den Begegnungen oder Beziehungen nichts oder wenig gesprochen. Die Entscheidung für Wertschätzung, Sympathie, Zuneigung oder Ablehnung, Zurückweisung, Abweisung fand durch Annahmen, Urteile, Interpretationen, Wertungen statt.
Grundsätzlich sind Zuneigung und Ablehnung die gleiche Energie, die sich aber in die andere Richtung dreht.

Ihre Aufmerksamkeit bleibt bei dieser Person. Zuneigung für eine Person wird als gut bewertet. Doch: Wen immer wir stark ablehnen, schätzen wir auch sehr.

Wann entsteht Ablehnung?

- Durch die Projektion Ihrer eigenen abgelehnten Eigenschaften, Eigenarten, Gefühle. Sie haben Teile Ihres gesamten Wesens abgespalten und in einen dunklen Raum verbannt. So werden auch der andere, die anderen verbannt, die diese Teile leben und offenbaren.
- Durch die Übertragung von erinnerten Geschichten oder Personen auf den anderen, der damit überhaupt nichts zu tun hat.
- Wegen nicht übereinstimmender oder abgelehnter Werte, die Ihnen wichtig sind.
- Wegen nicht erfüllter Erwartungen, von denen der andere nichts weiß, die zu Ihrer Enttäuschung oder Frustration führten, die Sie selbst erzeugen.

Wann entsteht Zuneigung?

- Wenn Ihre Erwartungen erfüllt werden.
- Wenn Sie keine abgelehnten Eigenschaften von Ihnen im anderen erkennen.
- Wenn Sie gleiche Werte im anderen erkennen oder vermuten.
- Wenn Sie keine bedrohlichen Geschichten im anderen sehen.

Wann ist da Neutralität, die weder für noch gegen ist?

- Wenn die Funktionen der Ablehnung durchschaut werden und diese Sie nicht mehr hypnotisieren können.
- Wenn der andere nicht sofort mit Etiketten überdeckt wird.
- Wenn Sie den anderen, alle anderen und alles, was ist, wertschätzen, weil es da ist und ein Teil von DAS ist.
- Durch Wertschätzung, die anderen zu lassen, wie sie sind.

Was ist eine Reifeleistung bezüglich Beziehungen?

- Wenn Sie Urteile, Meinungen, Interpretationen und Ideen über den anderen korrigieren, aufgeben, umschreiben können.
- Wenn Sie grundlos und absichtslos lieben.

Dazu noch diese Geschichte:

❛ Ein Junge, wütend auf seinen Freund, der ihm Unrecht getan hatte, kam zu seinem Großvater. Der Großvater sprach zu ihm:
»Ich will dir eine Geschichte erzählen. Auch ich war wutentbrannt auf die, die mich verletzt hatten und ihre Taten nicht bereuten. Es ist, wie wenn du Gift schlucken und hoffen würdest, dass dein Feind daran stirbt. Ich habe oft mit diesen Gefühlen gekämpft.

Es ist, als ob ich zwei Wölfe in mir hätte. Einer ist gut und harmlos. Er lebt in Harmonie mit allen um ihn herum. Er ist nicht beleidigt, wenn keine Beleidigung beabsichtigt war. Er kämpft nur, wenn er das Recht hat zu kämpfen, und dann kämpft er ritterlich.
Doch der andere Wolf ist voller Wut. Der kleinste Anlass genügt für einen Wutanfall. Er kämpft gegen alle, jederzeit und ohne Grund. Er kann nicht denken, weil er so wütend ist. Seine Wut ist hilflos, denn sie wird nichts verändern.
Manchmal ist es schwierig, mit diesen zwei Wölfen in mir zu leben, denn beide versuchen, meinen Geist zu beherrschen.«
Der Junge blickte in die Augen seines Großvaters und fragte:
»Welcher gewinnt, Großvater?«
Der Großvater lächelte sanft und sagte:
»Der, den ich füttere.«

Urteilen

Was Ihr Verstand den ganzen Tag treibt, ist hauptsächlich urteilen. Ständig entscheiden Sie sich für oder gegen etwas. Sie gehen gerade oder schräg über die Straße. Sie kaufen einen Pullover aus Baumwolle oder Synthetik. Sie trinken Espresso oder Tee. Dann begegnet Ihnen ein Mensch. Sie haben noch die Geschichten vom Anfang in Erinnerung? Hier schlichen sich schon Beurteilungen ein.

Sei es die Gestik, die Mimik, die Stimme, die Figur, die Kleidung und erst recht die Worte!
Es passiert so schnell, den anderen zu beurteilen. Es ist so natürlich, Tiere, Bäume, Landschaften, Wetter zu beurteilen. Gut oder schlecht, angenehm oder unangenehm, sympathisch oder unsympathisch, ja oder nein.
In Beziehungen bewirken Urteile, dass das Ur - der Ursprung, das Original - geteilt wird: eine Ur-Teilung. Das, was Sie betrachten, wird durch die Brille eines Urteils gesehen. So wird der andere nicht mehr so gesehen, wie er ist, sondern wie Sie ihn VER-UR-TEILT haben, im Positiven wie im Negativen. Die Beziehung wird dadurch vorbestimmt.

Leben entfaltet sich und handelt auf die verschiedensten Weisen. Dazu braucht es einen Handelnden. Dieser ist aber nicht das Leben, sondern der Ausführende. Und das, was geschieht, wie jemand aussieht, wie er sich kleidet, geschieht nicht wegen Ihnen oder für Sie. Selbst wenn es darum geht, Sie mit einem ganz besonderen Aussehen zu manipulieren, der andere tut es in erster Linie für sich. Es ist seine Sache. Das Urteilen bildet eine Barriere zwischen Ihnen und dem anderen, die die klare Wahrnehmung blockiert.

Wenn Sie dieses Spiel durchschaut haben, fallen die Urteile in sich zusammen. Welche Erleichterung, den anderen so zu lassen, wie er ist. Schließlich ändert sich auch nichts am Aussehen eines Sonnenuntergangs, ob Sie ihn als »wunderschön« oder »langweilig« beurteilen. Es interessiert den Sonnenuntergang nicht. Es ändert nicht, wie er verläuft, wie er aussieht.

Was Sie mit den anderen machen, machen Sie auch mit sich - permanente Urteile über Ihr Aussehen, Denken, Fühlen, Verhalten. Je mehr Sie urteilen, desto mehr fühlen auch Sie sich beurteilt und richten Ihr Handeln danach aus, wie andere Sie beurteilen.

Dazu ein Kommentar von Meister Eckhardt:
»Wenn ein Mensch tausend Todsünden begangen hat und er wäre in der rechten Verfassung, so würde er sich nicht wünschen, sie nicht begangen zu haben.«

Urteilen entsteht auf Grund der Annahme, dass es Regeln, Gesetze, Moral gibt, die das Leben und Beziehungen ermöglichen sollen.
Das stellt die Sache auf den Kopf. Leben hat nichts mit diesen Dingen zu tun. Leben ist nicht da für die Regeln. Gesetze, Regeln, Etikette, Moralitäten bestehen wegen des Menschen, der das Leben kontrollieren will. So können Sie sich bei der nächsten Begegnung oder Beziehung, die jetzt gleich stattfinden kann, fragen, ob Ihnen *der Mensch* wertvoller erscheint oder *die Regeln*.

Urteilen geschieht auch aus Unsicherheit. Je mehr Urteile, desto unsicherer ist der Urteilende. Unsicherheit fühlt sich nicht gut an - man ist so ohnmächtig. Um die Unsicherheit zu ertragen, können Urteile die Situation erträglicher machen. Urteile werden an einen anderen weitergereicht, der sich damit herumschlagen soll. Trifft ein Urteil eine ebenso verunsicherte Person, ist das Spiel gelungen.

Es bietet sich noch eine weitere Version an: Wenn Sie genauer hinschauen, entdecken Sie möglicherweise, dass Ihr Urteilen dann einsetzt, wenn sich Ihre Bedürfnisse nicht oder zu wenig erfüllt haben. Wie war das mit der Kollegin, die das Kopierpapier nicht nachfüllt? Wie war das mit dem Zeitungsverkäufer, der mich nicht ansieht? Wie war das mit der Kollegin, die streitet und sich widersetzt? Vor den Urteilen lagen Bedürfnisse nach Kollegialität, Aufmerksamkeit, Harmonie.

Nur wenn ich aufhöre zu verurteilen,
kann ich anfangen zu entdecken.

Virginia Satir

Wie geht es dir?

Wie oft werden wir gefragt: »Wie geht es dir?« Danach kommt ein kurzer oder langer Bericht. Der Amerikaner sagt: »I am fine.«, oder: »I am ok.« Meistens stimmt das nicht, und außerdem weiß keiner, was »fine« oder »ok« für Sie oder den anderen ist. Mein »O. K.« oder »gut« können völlig verschieden sein.

Gespräch mit einem Freund

»Du fragst mich: ›Wie geht es dir?‹
Wenn ich höre, was du fragst, dann entferne ich mich sofort ein wenig von dem, was ich fühle: die Freude, die Traurigkeit, die Angst, den Ärger, die Wut, die Liebe, die Stille, die Leere. Ich kann dir auch nicht alles erzählen, denn das jetzige Gefühl hatte davor ein Gefühl und davor ein Gefühl, die sich gegenseitig bedingen, abwechseln, und wo soll ich anfangen?
Ich beginne zu denken. Ich gebe dem Gefühl eine Beschreibung. Die Beschreibung ist aber kein Gefühl. Sie ist ein Etikett, das ich auf das Gefühl klebe. Und schon ist da eine Distanz, eine Trennung zwischen dem Gefühl und mir. Dabei bin ich das Gefühl. Ja, ich bin ein Fühlen.
Indem ich darüber nachdenke, wie ich es beschreiben soll, krame ich aus meinem Wörterbuch für die Kommunikation mit Menschen einen einigermaßen passenden Begriff heraus. Wenn ich nicht direkt, aufmerksam und wirklich ehrlich bin, sage ich dir:

›Ich kann dir sagen, dass ich enttäuscht bin. Ich fühle mich beobachtet. Ich fühle mich von dir ausgefragt. Ich bin beleidigt. Ich fühle mich ganz verwirrt. Ich spüre, dass du neugierig bist.‹

Doch das sind alles keine Gefühle.

Wenn ich nach deiner Frage noch in Kontakt mit dem Gefühl stehe und ehrlich bin, sage ich dir:

›Ich bin sehr wütend, voller Angst, traurig, fühle mich verletzt, freue mich.‹

Vielleicht passt der Begriff in irgendeines deiner Kästchen, und da werde ich dann hineingesteckt. Ich passe aber nicht in das Kästchen, denn ich fühle es anders und intensiver oder weniger intensiv.

Du wirst niemals erfahren, wie das ist, wenn ich mich ärgere, wie ich liebe, wie sehr ich mich ängstige, wie ich wütend bin – das fühle nur ich allein in einer ganz persönlichen Intensität. Es ist mein inneres Erleben. Ich kann dir beschreiben, dass es wie eine kleine Welle, eine sich auflösende Wolke, ein Vulkanausbruch, ein Gleiten, ein Messer im Herz, ein Kloß im Hals oder wohlige Wärme im Bauch ist.

Ja, du kennst vielleicht auch solche Zustände, solche Sensationen. Du erinnerst dich – das ist Vergangenheit. Das Gefühl wird jedes Mal neu sein. Wie der Moment, wo es entsteht.

Vielleicht ist auch eines dieser Gefühle gerade in dir. Auch ich weiß nicht, wie du es empfindest. Willst du wirklich wissen, was ich fühle?

Meistens beginnen wir doch zu erzählen, was wir gerade machen oder davor, diese Stunde, diesen Tag, diese

Woche gemacht haben. Es ist unmöglich, alle die Gefühle mitzuteilen, die kamen und gingen. Also wird die Frage nicht beantwortet.
Ich kann dir eine Momentaufnahme zeigen, einen Schnappschuss, dir einen Blick geben, eine Haltung einnehmen, eine Geste machen, dich berühren - etwas, was jetzt ist, mitteilen.
Je mehr ich das betrachte, komme ich zu der Erkenntnis: ›Weißt du, ich kann es dir nicht wirklich sagen.‹
Schau mich an. Höre meine Stimme, aber nicht auf die Worte. Spüre mich.«

•••

Über Gefühle zu sprechen und sie richtig darzustellen ist für viele Menschen nicht einfach. Einerseits wollen sie ihre Gefühle nicht preisgeben, andererseits haben sie es verlernt, die Gefühle direkt zu beschreiben. Oft werden Gedanken mit Gefühlen verwechselt. Das lässt eine Beziehung an der Oberfläche.

So kommt es zu Äußerungen wie: »Ich fühle mich wie platt gemacht«, oder: »Ich fühle mich munter wie ein Fisch im Wasser«, oder: »Ich habe das Gefühl, dass es nicht stimmt«, oder: »Ich fühle mich blockiert durch deine Art der Unterhaltung.«
Es erscheinen Gedanken, Vergleiche, Gleichnisse oder das Verhalten eines anderen wird interpretiert bzw. analysiert. Auffällig ist, dass da jemand ist, der jemanden fühlt. Gibt es hier zwei Personen? Welche spricht gerade mit Ihnen?

Interessant ist auch die Tatsache, dass die Interpretation des Verhaltens des anderen nicht stimmen muss. Dazu haben Sie schon Beispiele bekommen. Was wird denn nun wirklich gefühlt?
Aus dem »Ich fühle mich wie« oder »Ich habe das Gefühl, dass ...« oder »Ich fühle mich ..., weil ...«, könnten Sie die direkte Aussage »Ich bin ...« machen. So etwa: »Ich bin ärgerlich«, statt: »Ich fühle mich übergangen«.

Wenn die lebendige Beziehung auf der Ebene von Wahrheit und Klarheit ablaufen soll, können Sie hartnäckig nachfragen, falls der andere Ihnen Nebelbänke oder trübes Wasser anbietet. Etwa so:

Was fühlst du jetzt?
Ich fühle mich nicht besonders schlecht.
Wie denn dann?
Ich habe den Eindruck, die Kollegen beachten mich nicht und wollen mich nicht aufnehmen.
Ah, das ist deine Wahrnehmung. Und wie geht es dir dabei?
Ich verstehe nicht, warum die das machen.
Und was fühlst du dann?
Das könnte doch auch anders ablaufen.
Doch wie fühlst du dich?
Ich fühle mich von denen ausgeschlossen.
Und wie fühlt es sich für dich an, ausgeschlossen zu sein?
Die werden sich an mir die Zähne ausbeißen.
Das ist eine Vermutung, doch welches Gefühl ist in dir?
Ich bin sauer. Ich bin ärgerlich. Ich bin verletzt.

So, jetzt haben wir das Gefühl. Das Gefühl kann ich nachempfinden.

Zum Verständnis noch einige Verschleierungen:

- Ich habe das Gefühl, du liebst mich nicht.
- Ich fühle mich von dir übergangen.
- Ich freue mich für dich, weil es dir gelungen ist.
- Ich hoffe, es wird alles gut gehen.
- Es schmerzt mich, das von dir zu hören.
- Ich fühle mich ganz durcheinander.
- Ich fühle mich gar nicht gut.
- Ist das toll, dass dir das so gut gelungen ist.

Was will damit gesagt werden? Sie können es üben, indem Sie das Gefühl - das Sie kennen - benennen, was in den Situationen gespürt wird.
Gefühle erfahren Sie mit sich selbst und in Beziehungen, wenn Ihre Wünsche und Bedürfnisse erfüllt oder nicht erfüllt werden. Die Gefühle können Sie eindeutig beschreiben: entsetzt, ängstlich, freudig, entspannt, elend, locker, erfüllt ...
Mit dem Einbringen von Bedürfnissen in Beziehungen werden wir uns später noch beschäftigen.

Übrigens: Was Männer und Frauen unterscheidet, ist, dass Männer seltener an den Gefühlen der anderen interessiert sind. Frauen, vor allem befreundete Frauen, tendieren mehr dazu, sich über »wie sie sich fühlen« auszutauschen. Es ist ein Ritual der Männer, gleich zur praktischen Sache zu kommen, ein Ritual der Frauen, sich auf der Gefühlsebene zu treffen. Nehmen Sie es als Ritual. Richten Sie Ihre Aufmerksamkeit darauf, dass der andere auf dieser Ebene mit Ihnen eine Beziehung aufrechterhalten oder herstellen möchte.

Reden – mehr mitteilen als Worte

Wir begeben uns jetzt in die Sprache. In der Sprache senden Sie Informationen, jedoch immer mehr als nur das gesprochene Wort. Es gibt verschiedene Ebenen, die gleichzeitig angesprochen werden. Einige »belanglose« Bemerkungen können dies veranschaulichen:

Sie steht am Kopierer. Der Kopierer gibt eine Fehlermeldung. Sie dreht sich um zu ihrer Kollegin im hinteren Bereich des Raums und meint leicht resignierend und vorwurfvoll: »Es ist wieder kein Papier im Kopierer.«

Das Paar fährt im Auto; sie sind schon lange zusammen. Sie fährt. Sein Blick ist nach vorne gerichtet. Sein Körper richtet sich leicht auf und es entfährt ihm: »Da vorne kommt eine Ampel.«

Die Tochter steht am Kühlschrank. Ihr Blick wandert durch alle Bereiche. Packungen und Flaschen werden hin- und hergeschoben. Die Mutter sitzt am Küchentisch, liest die Tageszeitung. Die Kühlschranktür fällt etwas lauter zu. Die Tochter starrt auf die geschlossene Tür und seufzt: »Es ist wieder einmal keine Milch im Haus.«

Auf einem Ausbildungsseminar moniert ein Teilnehmer auf die Nachfrage, wie es den Teilnehmern im Seminar geht: »Es gibt nicht genügend Unterlagen.«

Sie kennen solche Bemerkungen von Ihnen und anderen? Aus der ersten und allen anderen Geschichten können Sie mehr entnehmen als die Worte.

Bleiben wir bei der ersten Geschichte:
»Es ist wieder kein Papier im Kopierer.«

- Ein Hinweis auf die Sache. Er deutet außerdem darauf hin, dass es schon mehrfach passiert ist.
- Ein Hinweis auf den Sprecher, was er über sich selbst sagen möchte: *»Ich möchte jetzt kopieren und es geht nicht!«*
- Ein Hinweis auf die Beziehung zwischen beiden Personen. So, wie der Sprecher die Beziehung zum Zuhörer sieht: *»Ich muss dich wieder darauf aufmerksam machen!« »Ich kann mich nicht auf dich verlassen!«*
- Ein Hinweis auf das, was zu tun ist durch den anderen, wie die Mitteilung den Zuhörer beeinflussen soll, ein Appell oder eine Motivation: *»Kümmere dich doch auch darum!« »Sei aufmerksamer!«*

Nehmen wir dann die Situation »Frau fährt, Mann kommentiert«:

»Da vorne kommt eine Ampel.«
(Natürlich kommt da keine Ampel, sondern das Auto bewegt sich auf die Ampel zu.)

- Der Frau wird abgesprochen, sie würde fahren.
- Zur Sache wird gesagt: *»Du bewegst dich auf eine Ampel zu.«*
- Über sich selbst sagt der Mann: *»Ich hab's eilig.« »Ich will da noch rüber.« »Ich passe auf.« »Ich sehe mehr.«*
- Über die Beziehung zur fahrenden Partnerin wird gesagt: *»Ohne mich schaffst du es nicht« »Du brauchst meine Hilfe.« »Allein bist du verloren.«*
- Und der Appell könnte lauten: *»Gib doch Gas!« »Beeil dich!« »Pass doch auf!« »Denk dran, zu bremsen.«*

Die Mutter-Tochter-Situation kann durch die Bemerkungen zu einer Steigerung der Aufmerksamkeit der Mutter bezüglich des nächsten Einkaufs als auch zu bissigen Antworten führen, um die unterstellte Schuldzuweisung zurückzugeben.

- Die Sache: Keine Milch im Kühlschrank.
- Die Beziehung: *»Ich kann mich auf dich nicht verlassen.« »Du kümmerst dich nicht um meine Bedürfnisse.« »Ich lehne dich ab!«*
- Die Selbstbeschreibung: *»Ich will Milch im Kühlschrank finden.« »Ich will versorgt sein.«*
- Der Appell, die Motivation: *»Fülle den Kühlschrank!« »Denk an mich!«*

Das Gespräch könnte von der Mutter so fortgeführt werden: »**Dann geh du doch einkaufen!**«, was wiederum vier Mitteilungen offenbart:
(Was die Mutter der Tochter mitteilt, können Sie nun selbst entwickeln. Probieren Sie es doch jetzt aus. Mit etwas Übung können Sie später solche »beiläufigen« Bemerkungen besser lesen und darauf eingehen.)

- ____________________
- ____________________
- ____________________
- ____________________

Die Mutter hätte auch sagen können: *»Was möchtest du von mir?«* Dann könnte ausgesprochen werden, was sonst verdeckt mitgeteilt wird.

Mit mulmigem Gefühl die Mitteilung aufnehmen und so tun, als sei nicht mehr geschehen, als etwas gesagt worden, führt dazu, dass das Gefühl bleibt. Um es wieder loszuwerden, können Sie eine ähnliche Bemerkung machen und das Gefühl diesem oder dem anderen weiterreichen. Der reicht es dann wieder weiter, und irgendwann kommt es doch wieder bei Ihnen an.

Hinterfragen, wenn sich ein mulmiges Gefühl oder eine Verletzung beim Hören einstellt, ist die einfache Lösung. Das Klären der Bedürfnisse des anderen und Ihrer Bedürfnisse ist der Schritt, der getan werden muss. Dabei kann keiner der Beteiligten davon ausgehen, dass der an-

dere die Bedürfnisse erfüllen muss. Diese Freiheit muss in einer wirklichen Beziehung oder Begegnung bestehen. Sie können dann entscheiden, ob Sie die Bedürfnisse erfüllen können oder wollen. Bekannt geben, dass Sie sich verletzt fühlen, bringt die Verletzung von innen nach außen. Außen kann Sie geheilt werden. Dann kann der andere erkennen, was seine Worte bewirken, und entscheiden, ob er das möchte. Gerade bei Übertragungen und Projektionen ist dem Sprecher selten bewusst, was seine Worte im anderen auslösen.
Innen schwelt die Verletzung weiter, verdeckt, breitet sich vielleicht weiter aus, bricht in anderen Beziehungen aus.

Eine Geschichte:

❛ Eines Tages kam Buddha in die Stadt. So ging er auch an dem Palast des Königs vorbei. Der König stand mit seinem Diener vor dem Palast und sie beobachteten, wie Buddha von einer großen Menschenmenge umgeben war.
Da sagte der Diener des Königs zu ihm:
»Geh zu ihm und sprich mit ihm.«
Der König sagte darauf:
»Ich bin der König und er ist der Bettler, wieso soll ich zu ihm gehen, er soll zu mir kommen.«
Als der Diener aber nicht aufhörte, den König zu bereden, ging der König zu Buddha. Von weitem sah der Diener, wie sich der König mit Buddha unterhielt. Nach einer Weile kam der König zurück.
Er schaute den Diener lange an und sagte dann:
»Erst jetzt habe ich begriffen, er ist der König und ich bin der Bettler.« ❜

Wahrheit und Echtheit sind wichtige Voraussetzungen für eine wirkliche Beziehung. Gelernt haben Sie möglicherweise auch, sich zu verstecken und nicht direkt anzusprechen, was Sie wirklich bewegt. Wie in einer kollektiven Hypnose wird zurückgehalten und gelogen. Selten wird gesagt, was gedacht wird. Selten wird gedacht, was gesagt wird. Für Ihre eigene Befreiung von der Last zurückgehaltener Gedanken und Gefühle können Sie zu Ihrer Wahrheit zurückfinden und diese üben. Echtheit ist das Element, das Beziehungen erfrischend und spontan macht.

Nehmen Sie irgendein Gespräch, an das Sie sich erinnern, und fragen Sie sich:

- Bin ich bei meiner Wahrheit geblieben?
- Habe ich mich dem anderen angepasst?
- Habe ich den anderen abgewiesen, verletzt?
- Habe ich die bequemste Einstellung geboten?
- Bin ich ausgewichen?
- Habe ich Selbstbestätigung gesucht?
- War es mir peinlich, unangenehm?
- Habe ich reagiert statt agiert?

Das Authentischsein entspricht Ihrer Wahrheit. Authentizität ist Lebendigkeit. In Beziehungen, die träge, konfliktreich, langweilig sind, sind einer oder beide Beteiligten nicht authentisch.

Das lähmt. Das macht die Begegnung hohl und leer. Was bleibt, ist das Gefühl oder der Gedanke, dass die Begegnung keine wirkliche Begegnung war; es bleibt das Gefühl, nicht erfüllt, nicht gehört, nicht gesehen, nicht gefühlt worden zu sein.

In wirklichen Begegnungen oder offenen Beziehungen muss der Freiraum für die Wahrheit beider Beteiligten gegeben sein. Egal, was Ihre oder des anderen Gefühle, Stimmungen, Überzeugungen, Ideen sind.
Alles, was Sie vom anderen hören, kennen Sie auch von sich selbst. Sonst würden Sie es nicht erkennen.
Das Fremde, das Abgelehnte, bis zum Hass - das sind abgelehnte oder verdrängte Wahrheiten, die der andere offen ausspricht oder tut.
Fragen Sie sich selbst, wie oft und wie viel Sie authentisch sind als Einsichtsprozess, der Ihre Gespräche und Ihre Haltung zum anderen verändern wird.

Was passierte, was passierte nicht, wenn Sie richtig lebendig, ehrlich, authentisch sind:

- an Ihrem Arbeitsplatz?
- in der Gesellschaft?
- in Ihrer Freizeit?
- in Ihrer Partnerschaft?
- in Ihren Freundschaften?
- in Ihren Gesprächen?
- mit Ihrer Kleidung?

Hier eine kurze Geschichte dazu: »*Aus der Reihe tanzen*« von Paulo Coelho.

»Der Meister sagt: Heute wäre ein guter Tag, um etwas Außergewöhnliches zu tun. Zum Beispiel auf dem Weg zur Arbeit auf der Straße tanzen. Einem oder einer Unbekannten in die Augen schauen und von Liebe auf den ersten Blick sprechen. Dem Chef gegenüber eine Idee vorbringen, mit der wir uns vielleicht lächerlich machen, an die wir jedoch glauben. Ein Instrument kaufen, das wir schon immer spielen wollten, aber nicht wagten.
Die Krieger des Lichts gestehen sich solche Tage zu. Wir können den Tag auch dazu benutzen, um alte Wunden zu lecken, die immer noch wehtun. Wir könnten jemanden anrufen, den nie wieder anzurufen wir uns geschworen haben (obwohl wir uns über eine Nachricht auf unserem Anrufbeantworter riesig gefreut hätten).
Heute könnte ein Tag sein, der nicht ins Pensum passt. Heute ist jeder Fehler erlaubt und verziehen. Heute ist ein Tag der Lebensfreude.«

Neben dem Gesprochenen schwingen weitere Mitteilungen mit, die wichtig sind für die Kommunikation und die Begegnung. Es ist wichtiger, wer Sie sind, als was Sie sagen. Die bedeutsamsten, sinnvollsten, gewichtigsten, humorigsten Aussagen verlieren ihre Wirkung oder Bedeutung, wenn sie aus einer inneren Haltung von Schwäche, Ängstlichkeit, Zweifel, Falschheit, Angepasstheit kommen.

Aphasiker sind Menschen, die zwar die gesprochenen Worte hören, aber deren Bedeutung nicht erkennen. Sie erkennen Ton, Tonfall, Betonung, Mimik, Gestik und

Körperhaltung. Ihnen kann man selten etwas vorlügen, denn sie lassen sich nicht von Wörtern täuschen. In dem Sinne sind wir alle etwas »aphasisch«.
Der Neurologe Oliver Sacks berichtet über seinen Besuch in einer Abteilung von Aphasikern. Sie sahen gerade eine Ansprache von Ronald Reagan und großes Gelächter brach aus. Sie waren begierig, die Rede weiterzusehen, deren Bedeutung Ihnen nicht klar wurde. Was sie jedoch wahrnahmen, war der alte Charmeur, der Schauspieler, der geübte Redner, seine Theatralik, seine Emotionalität. Die »gestörten« Aphasiker bogen sich vor Lachen.

Dazu Friedrich Nietzsche:
»Man lügt wohl mit dem Maule, aber mit dem Maule, das man dabei macht, sagt man doch die Wahrheit.«

Ihr Partner in der Begegnung oder Partnerschaft spürt es sehr genau, auch wenn es ihm nicht direkt bewusst wird. Wie Sie wirklich sind, teilen Ihre Mitteilungen mit. Sie offenbaren:

– Ihren Selbstwert, Ihre Stärke, Ihre Kraft
– Ihr Selbstverständnis, Ihre Stabilität
– Ihre Glaubwürdigkeit, Ihr Vertrauen
– Ihre Authentizität, Ihre Echtheit

Wenn Sie sich schwach, verletzlich, kraftlos, instabil, zweifelnd fühlen, sagen Sie es, zeigen Sie es, statt es zu kaschieren. Verstecken, Verdecken, Kaschieren lässt Begegnungen schnell enden oder langfristig hohl und leer werden. Setzen Sie dem Selbstbetrug nicht noch einen Fremdbetrug auf. Der andere spürt es.

Reden, Sprechen, Kommunizieren ist ein praktischer, sozialer Austausch. Oder ein Schrei nach Liebe über die Brücke Aufmerksamkeit, Anerkennung, Beachtung, Bewunderung, Respekt, Wertschätzung, Lob, Bestätigung. Aber auch durch Bestrafung, Missachtung, Verletzung. Je nachdem, welche Art Sie lernten, am besten Aufmerksamkeit auf sich zu ziehen. Letztlich ist Kommunikation auch ein Schrei nach Hilfe.

Was man so sagt

Als sie lachte,
sagte man ihr, sie sei kindisch.
Also machte sie fortan ein ernstes Gesicht.
Das Kind in ihr blieb,
aber es durfte nicht mehr lachen.

Als sie liebte,
sagte man ihr, sie sei zu romantisch.
Also lernte sie, sich realistischer zu zeigen.
Und verdrängte so manche Liebe.

Als sie reden wollte,
sagte man ihr, darüber spreche man nicht.
Also lernte sie zu schweigen.
Die Fragen, die in ihr brannten,
blieben ohne Antwort.

Als sie weinte,
sagte man ihr, sie sei einfach zu weich.
Also lernte sie, die Tränen zu unterdrücken.
Sie weinte zwar nicht mehr,
doch hart wurde sie nicht.

Als sie schrie, sagte man ihr, sie sei hysterisch.
Also lernte sie, nur noch zu schreien,
wenn es niemand hören konnte,
oder sie schrie lautlos in sich hinein.

Als sie zu trinken begann,
sagte man ihr, das löse ihre Probleme nicht.
Sie solle eine Entziehungskur machen.
Es war ihr egal, weil ihr
schon so viel entzogen worden war.

Als sie wieder draußen war,
sagte man, sie könne jetzt von vorne anfangen.
Also tat sie, als ob sie ein neues Leben begänne.
Aber wirklich leben konnte sie nicht mehr,
sie hatte es verlernt.

Kristiane Allert-Wybranietz

Raum geben

Wie ein Automat springt der Verstand beim Zuhören an, das Gehörte zu kommentieren. Das Für und Wider werden abgewogen. Zustimmung oder Ablehnung werden rationalisiert, um Ihre Meinung, Ihren Standpunkt, Ihr Urteil anschließend als Wortblase in die Beziehung zu bringen. Dies ist eine unwillkürliche Reaktion.

Die Tochter sitzt auf dem Sofa, in ihren Hausklamotten, liest völlig vertieft eine Zeitschrift. Die Mutter räumt im Wohnzimmer auf, trägt die alten, gelesenen Zeitschriften weg. Nach einer Weile weiteren Herumräumens beschwert sie sich: »Ich glaube, du interessierst dich nur für dich.« Die Tochter denkt: Was ist denn jetzt los? Kann ich nicht in Ruhe meine Zeitschrift lesen? Sie antwortet, die Zeitschrift weiter anschauend: »Immerhin bin ich zu Hause und treibe mich nicht draußen rum.« Die Mutter denkt: Das reicht mir nicht. Sie erwidert, jetzt heftiger: »Also früher hast du mir öfters mal geholfen, hast dich gut angezogen, und wie du jetzt dasitzt und aussiehst!« Die Tochter denkt: Ja, früher, interessiert mich aber jetzt nicht mehr. Die Tochter sagt: »Was ist denn jetzt auf einmal nicht mehr in Ordnung mit meinen Klamotten?« Die Mutter wird säuerlicher: »Du kannst nur noch nehmen!« Beide fühlen sich in ihrer Welt nicht verstanden.

Die Tochter sitzt auf dem Sofa, in ihren Hausklamotten, liest völlig vertieft eine Zeitschrift. Die Mutter räumt im Wohnzimmer auf, trägt die alten, gelesenen Zeitschriften weg. Nach einer Weile des Herumräumens beschwert sie sich: »Ich glaube, du interessierst dich nur noch für dich.« Die Tochter lässt die Zeitschrift sinken, schaut zu ihr. Nach einer Weile erwidert sie: »Was meinst du damit?« Die Mutter setzt sich ihr gegenüber, betrachtet ihre Hände und antwortet: »Es gab eine Zeit, da hast du mir geholfen, beim Aufräumen und Saubermachen. Das waren Zeichen von Aufmerksamkeit für mich, dass wir zusammenleben. Du hast dich auch etwas hübscher angezogen. Deine Kleidung jetzt sieht so aus, als ob du nicht hübsch sein wolltest.« Die Tochter denkt: Stimmt. Sie sagt: »Hmm.« Die Mutter: »Verstehst du, was ich meine?« Die Tochter steht auf, setzt sich neben die Mutter: »Wenn das wichtig für dich ist – was soll ich denn jetzt anziehen?« Die Mutter lächelt und greift ihre Hand.

Mit Hilfe gesteuerter Aufmerksamkeit (willkürlich statt unwillkürlich) können Sie einen Raum schaffen zwischen dem Gehörten und Ihrer Antwort darauf, falls diese überhaupt nötig ist. Anfänglich mag es Ihnen und dem anderen befremdlich oder seltsam vorkommen, einen sprach- und tatenlosen Raum entstehen zu lassen. Einen Moment, wo nichts gesagt wird. Es ist der Moment, wo der Verstand nicht kommentiert, sein Bemühen des Interpretierens unterbrochen hat. Warten Sie eine Weile. Geben Sie sich Raum.

Was sich nun ergeben kann, ist die Möglichkeit, dass sich eine tiefere Ebene meldet, die nicht urteilend oder maß-

regelnd oder rechtfertigend ist. Manche Menschen nennen das ihr Herz, ihr Sein, ihr Selbst sprechen lassen. Dies ist Resonanz. Die Resonanz ist Ihre Wahrheit, gleich welche Wahrheit das sein wird. Sie ist nicht dazu da, dem anderen zu schmeicheln, zu strafen, zu blockieren, in irgendeiner Weise zu manipulieren.
Was Sie sich geben, lassen Sie auch dem anderen. Lassen Sie ihm den Raum und die Zeit, mit seinem Innersten Kontakt aufzunehmen. Diesen Raum, den Sie sich und dem anderen geben, lässt die Entfaltung unbekannter Möglichkeiten und Gedanken zu, wo die Beziehung zu einer kreativen Begegnung wird.

In herausfordernden, neuartigen, kritischen Situationen mögen Sie etwas mehr Zeit brauchen, um zu Ihrem Innersten zu gelangen. Die Antwort ist immer schon da, braucht aber Raum bzw. Zeit, um sich zu offenbaren. Männer ziehen sich beispielsweise gerne zurück, um mit sich allein zu sein und nicht mit dem anderen. Sie verschwinden in Hobbyräumen, Kneipen, Kinos. Frauen suchen eher das Gespräch mit nahen Freundinnen, wollen sich mitteilen, suchen den Austausch, wollen Verbindung halten.

Nur wenn man mit seinem eigenen Kern verbunden ist,
ist man mit anderen verbunden.
Und für mich kann der Kern,
die innere Quelle,
am besten im Alleinsein wiedergefunden werden.

Anne Morrow Lindbergh

Vielleicht brauchen Sie aber auch nur für einen Moment die Augen zu schließen, aus dem Fenster zu schauen, einen Gegenstand anzusehen, auf etwas zu hören wie den Wind, sich zu räuspern, zu seufzen, sich zu bewegen. Stehen Sie beispielsweise kurz auf, gehen Sie einmal durch den Raum, setzen Sie sich an einen anderen Platz - schon haben Sie Abstand geschaffen und können die Situation von einer anderen Ebene erfassen statt zu reagieren.
Tun Sie das, was Sie in diesem Moment am liebsten tun möchten. Sprengen Sie die starren Regeln der Begegnung, sonst wird das Ergebnis immer gleich sein.
Wenn beide Beteiligten um diese Strategien wissen und erkennen, dass sie nicht gegen den anderen gerichtet sind, können sie die Begegnung erfrischen und Konflikten vorbeugen.

Beziehungsfallen

Technische Beschreibung: Beziehungsfalle oder Doublebind.
Ablauf: Ein Mensch wird in eine Beziehungsfalle gelockt, gebracht, gesteuert durch eine Forderung, die einen Gegensatz verbirgt. Etwas Widersprüchliches, Unerfüllbares wird gefordert.
Beispiele:
Versuchen Sie sich zu entspannen! Beruhige dich doch! Sei nicht so eigensinnig! Unter allen Umständen muss es pünktlich fertig sein!

Der Richter: »Haben Sie es aufgegeben zu stehlen? Antworten Sie mit Ja oder Nein.«
Der verwirrte Angeklagte hat zwei Chancen: Bei »Ja« gibt er zu, gestohlen zu haben, und wird verurteilt. Bei »Nein« wird er auch verurteilt.

Die Ehefrau: »Ist dir schon aufgefallen, dass wir seit Monaten nicht mehr in einem guten Restaurant waren. Als wir uns kennen lernten, hast du mich oft zum Essen ausgeführt. Ich bin dir wohl gleichgültig.«
Zwei Tage später kommt der Ehemann mit einer Idee: »Heute möchte ich mit dir zu dem französischen Restaurant gehen, wo wir im Januar waren.«
Die Ehefrau erwidert: »Mit der Idee kommst du doch nur, weil ich mich beklagt habe.«

Der Abteilungsleiter zum Mitarbeiter: »Erledigen Sie das schnell, aber nicht mit den üblichen Flüchtigkeitsfehlern.«

Der Gast zur Kellnerin: »Ich möchte einen Espresso. Aber lassen Sie sich ruhig Zeit.«

Der Ehemann: »Ich liebe dich, doch möchte ich auch mal mit anderen Frauen flirten, und du solltest das akzeptieren können, sonst engt mich die Beziehung zu sehr ein.«

Wie kommen die Menschen zu diesen Tricks? Wie in diesen Geschichten, die sich in den Beziehungen zwischen

zwei Menschen abspielen, geschieht es in der gesamten Gesellschaft und beginnt bei der Erziehung. Einerseits erhalten Sie die Botschaft, frei zu sein, für sich selbst verantwortlich zu sein, Ihre eigenen Gedanken und Gefühle zu haben, also so etwas wie ein Original zu sein. Bei vielen Gelegenheiten wird Ihnen aber mitgeteilt, dass Sie so oder so sein sollten oder noch anders denken, fühlen, handeln sollen. Dass Sie aussehen wie Maria, sich verhalten wie Ihr Vater, Gefühle haben wie Ihre Großmutter. Oder Ihnen wird gänzlich abgesprochen, so zu sein: »Mach so was nicht, das entspricht dir nicht!« »Jetzt führe dich nicht so auf, du bist doch kein Junge!« Wenn Sie das Verhalten einer Gruppe nachahmen, um ihr näherzukommen, heißt es: »Na komm, jetzt redest du wie die Mädchen von nebenan.«
Ihre ganz spontanen, individuellen Regungen oder Gefühle werden hier in Frage gestellt. Die Aufforderungen »Sei du selbst!«, »Sei stark!« brauchen Sie nicht, weil Sie dies als Geburtsrecht mitbrachten. Wenn Sie dazu aufgefordert werden, können Sie es nicht sein, weil Sie es unter Zwang tun. Und dann sind Sie es nicht.

Sie haben, wie alle anderen, es angenommen, waren einverstanden. Sie konnten Ihre Einverleibung in die Gesellschaft nicht ablehnen oder nicht nicht akzeptieren. In der Gesellschaft leben heißt, indoktriniert werden mit Konzepten. In der Gesellschaft sein heißt, von Beziehungsfallen umgeben sein. Da aber (fast) alle das gleiche Spiel spielen, wird es als Spiel nicht erkannt. Der Verstand formuliert Sätze wie: »Tue immer Gutes und meide das Schlechte.« Eine paradoxe Forderung. Keine Chance, das Schlechte zu erleben oder den Unterschied zwischen »Gut« und »Schlecht« kennen zu lernen. Gleichsam dem Versuch, im Garten das schlechte Unkraut zu jäten, aber dabei den guten Rasen nicht zu betreten. Oder versuchen Sie einmal, durch eine größere Stadt zu fahren und dabei nur Vorfahrtsstraßen zu benutzen.

Noch einige Fallen für Eltern-Kind-Beziehungen

»Du musst jetzt aber einschlafen.« Die natürliche Müdigkeit wird zum Zwang. 20 Jahre später: Schlaflosigkeit, Tabletten.
»Du solltest deine Eltern lieben!« Keine Chance, Ihre Zuneigung freiwillig auszudrücken.
»Liebe Kinder helfen ihren Geschwistern ganz selbstverständlich, ohne gefragt zu werden.« Schlechtes Gewissen, wenn Sie es nicht tun. Wenn Ihnen jemand mit der Aufforderung zuvorgekommen ist, sind Sie kein liebes Kind.

Diese verwirrenden Doppelbotschaften, die Quelle anhaltender Frustrationen, werden kopiert und in den späteren Begegnungen und Beziehungen, insbesondere in Partnerschaften, wiederholt. Auch in Ihnen gedeihen sie - vielleicht kennen Sie die Schuldgefühle, die Gewissensbisse, wenn Sie das tun, was Sie möchten. Vielleicht kennen Sie den Widerstand, das innerliche Verrenken, das emotionale Zerren, wenn Sie als Opfer einer Beziehungsfalle ausgesucht wurden.

Alan Watts sagt es vortrefflich. Genießen Sie Satz für Satz:

»Die erste Regel des Spieles ist, dass es kein Spiel ist.
Jeder muss spielen.
Du musst uns lieben.
Du musst weiterleben.
Sei du selbst, aber spiele eine akzeptable und dauerhafte Rolle.
Kontrolliere dich und sei natürlich.
Versuche aufrichtig zu sein.«

Eine andere Art von Beziehungsfallen sind Identitätenfallen. Dies sind Instrumente der Kontrolle und Manipulation. Sie finden sich durchgängig in allen Gesellschaften und Sprachen und vielen Ritualen. Man belohnt oder gutheißt ein Verhalten, ein Denken, ein Fühlen, das man selbst als das Gute, das Vorzeigbare, das Dominanteste bei sich kultiviert hat und nach außen präsentiert. »Sie sind ein guter Mensch, weil Sie Notleidende unterstützen.« Oftmals kümmert sich der Urteilende nicht um Notleidende, weil sie es brauchen, sondern um sich selbst wohlzufühlen.

Das Spiel hat also diese Regeln: Der andere hat eine Eigenschaft, die er sich zuschreibt und die er als »gut« bewertet. Damit fühlt er sich wohl, sie ist »richtig«, sie ist »vorzeigbar«.
Wird in Ihnen diese Eigenschaft erkannt, werden Sie belohnt oder gelobt. Taucht eine vom anderen abgelehnte oder verdrängte Eigenschaft bei Ihnen auf, werden Sie

abgelehnt oder bestraft. Und dann kann noch eine Bedingung an Ihr Gutsein (Lob) geknüpft werden:

Du bist gut, weil du dich um mich kümmerst.
Du bist gut, weil du ordentlich bist.
Du bist gut, weil du sexy bist.
Du bist gut für mich, weil du Erfahrungen hast.
Du bist gut, weil du zärtlich zu mir bist.

Sollten Sie ganz natürlich ordentlich, spontan, zärtlich oder sexy sein, dann könnte der andere annehmen, nachdem er Sie dafür gutgeheißen hat, dass Sie es zukünftig um des Gut-Sein-Wollen tun.

Wenn Sie die Bedingung nicht erfüllen können oder wollen, heißt das also - was nicht ausgesprochen werden muss - für Sie:

Du bist nicht gut, weil du dich nicht um mich kümmerst.
Du bist nicht gut, weil du nicht ordentlich bist.
Du bist nicht gut, weil du nicht sexy bist.
Du bist nicht gut für mich, weil du keine Erfahrungen hast.
Du bist nicht gut, weil du nicht zärtlich zu mir bist.

Sie werden einwenden, dass Ihnen Lob guttut. Wie am Arbeitsplatz für Ihre Leistungen, Ihren Einsatz, Ihre Kreativität gelobt zu werden. Der Unterschied zwischen Lob und Tadel einerseits, Anerkennung und Kritik andererseits, ist, dass Ersteres dazu dient, Sie zu manipulieren,

Letzteres sich nur mit der Tatsache beschäftigt und keine Reaktion fordert. Anerkennung erwartet nichts. Lob erwartet Ihre Sympathie, Ihre Zuneigung. Es lockt Sie in eine Falle. Sie werden erhöht und können jederzeit durch Tadel gestürzt werden, wenn Sie sich das Lob »anziehen«. Alles zu diesem Thema betrifft alle Kategorien von Beziehungen. Je länger und intensiver oder enger eine Beziehung oder Begegnung ist, desto heftiger können die Beziehungssabotagen greifen, die über Nähe oder Abstand entscheiden.

Wie kommen Sie aus der Falle?

- Sie müssten außerhalb des Geschehens stehen. Solange Sie im Spiel sind, können Sie es nicht sehen. Aber: Sie sind nicht unfähig, den Knoten zu lösen. Es erfordert Aufmerksamkeit, Spontaneität und den Mut, die Regeln der Beziehungsfallen zu brechen.
- Lassen Sie sich weder von Lob und noch von Tadel hypnotisieren. Es geht nicht um Sie. Es geht um den anderen, der es sagt.
- Überdenken Sie Ihre Ideen über Ihre Identität - was Sie sind, was Sie ausmacht, was zu Ihnen gehört. Sind Sie das wirklich? Sind Sie mehr oder weniger oder nichts davon?
- Überdenken Sie Ihre Ideen über die Identität des anderen - was er ist, was ihn ausmacht, was zu ihm gehört. Ist der andere das wirklich? Ist er mehr oder weniger oder nichts davon?
- Ist der andere nichts als eine Beschreibung von Ihnen,

die Sie über ihn gelegt haben? Was bliebe vom anderen, wenn Sie ihn nicht beschreiben würden?

Aufmerksamkeit

Während die acht Kollegen am länglichen Tisch im Konferenzraum sitzen und der Abteilungsleiter die Vorgaben für das nächste Quartal mitteilt, klicken die Teilnehmer mit Kugelschreibern, kritzeln auf Unterlagen, nesteln an Krawatten, starren auf die Tischplatte, einer entdeckt einen Fleck auf der Hose, der seine Aufmerksamkeit fesselt. Einer denkt: »Na, du hast gut reden, du musst das ja nicht draußen umsetzen. Das sind wieder einmal viel zu hochgesteckte Ziele. Das wird Stress.« Dann fällt ihm die Krawatte seines Kollegen gegenüber auf. »Wie grell!« Jetzt juckt die Nase, die sofort massiert wird. »Letzteres Ziel ...«, setzt der Abteilungsleiter an. Der eine denkt: »Welches Ziel meint er?«

Der alte Mann steht vor der Ladenkasse: »Die möchte ich kaufen.« Er legt ein Paar Socken hin. Die Verkäuferin nimmt die Ware, scannt den Preis. Dann sieht sie zur Seite und fragt ihre Kollegin, wann sie denn zur Pause gehe. Während die Kollegin antwortet, tippt sie etwas in den Kassencomputer. Sie nennt den Kaufpreis, ohne den Mann anzusehen. Während sie die Socken einpackt, meint sie zur Kollegin, sie mache besser später ihre Pause. Der Mann legt das Geld hin, sie nimmt es, er nimmt die

Tüte mit den Socken. »Stimmt so«, bemerkt die Verkäuferin, dreht sich jetzt ganz zur Kollegin um, um über das Kantinenessen zu reden.

Das Paar auf dem Sofa. Er blättert im Fernsehprogramm. Sie: »Wie war es eigentlich heute?« Er: »Was?« Sie: »Im Büro.« Er blättert eine Seite weiter, antwortet: »Hektisch.« Sie steht auf, geht in die Küche. Aus der Küche, wo sie in einer Schublade kramt, fragt sie: »Wo ist denn der Messerschärfer?« Er, inzwischen zur Fernbedienung greifend: »Na in der mittleren Schublade!« Fernsehgerät ist an, Nachrichten werden verlesen. Sie: »Kann ich nicht finden, hast du das Ding woandershin getan?« Stille. Er: »Du, die wollen schon wieder die Krankenkassenbeiträge erhöhen!« Sie, lauter: »Davon wird das Messer auch nicht scharf.« Er: »Was? Was hat das denn miteinander zu tun?« Sie seufzt: »Ach, nichts.«

Aufmerksamkeit verhält sich in diesen Geschichten wie ein Wind, der offensichtlich seine Richtung permanent dreht oder in eine völlig andere Richtung weht, als bei der Begegnung oder Beziehung zu bleiben. Wendet sich die Aufmerksamkeit ab, werden Sie nur Fragmente des anderen erfahren. Sie können somit auch nur ein fragmentiertes Bild erhalten. Das führt zu einer fragmentierten Beziehung. Eine wirkliche Begegnung findet nicht statt, denn die beinhaltet alles.
Ist Ihre Aufmerksamkeit gänzlich bei der Beziehung, die gerade stattfindet – und sie findet immer nur jetzt gerade statt –, dehnen Sie sich zum anderen aus. Ohne Auf-

merksamkeit und Ausdehnung ist nur ein schwacher Kontakt möglich. Sind Sie ganz beim anderen, unabgelenkt, ist da reines Wahrnehmen. Sie nehmen selbst subtilste Dinge wahr. Mimik, Tonalität, Gestik, Körperhaltung - das alles sind Informationen, die eine Begegnung prägen. Und wenn Sie wirklich nur für den anderen aufmerksam sind, ist da auch kein Raum für Meinungen, Haltungen, Urteile. Damit ist eine wirkliche Begegnung möglich.

Probieren Sie jetzt aus:
Können Sie Ihre Aufmerksamkeit auf einen Gegenstand (einen Stuhl) richten und für eine Minute halten, ohne wegzuschauen, sich zu kratzen, mit dem Fuß zu wippen, etwas anderes zu denken? Wenn doch, dann kommen Sie augenblicklich wieder zurück zu »Das ist ein Stuhl«.
Können Sie jetzt einen Menschen ansehen, ohne dass sich Urteile, Meinungen, Beschreibungen bilden? Wenn sie sich bilden, kommen Sie sofort zurück zu dem Menschen, der Person oder dem Namen (»Das ist ...«).

Aufmerksamkeit ermöglicht, eine Begegnung voll und ganz zu erleben. Sie können sofort auf den anderen eingehen und brauchen sich nicht Stunden oder Tage oder Wochen später mit einem Thema zu melden, das Ihnen auffiel, als die Begegnung vorüber war.
Sind Sie nur bei der Beziehung, können Sie falsch Verstandenes sofort korrigieren, indem Sie nachfragen, ob

Ihr Eindruck richtig ist. Das lässt Konflikten, die sich in Ihnen und dem anderen bilden, wenig Raum.
Jeder spürt sofort, wenn die Aufmerksamkeit des Gegenübers nachlässt oder sich abwendet. Das subtile Gefühl, nicht gesehen, gehört, wahrgenommen zu werden entsteht. Ein erster Schritt in Richtung Ablehnung, Enttäuschung, Frustration. Wird das zur Gewohnheit oder bei langfristigen Beziehungen zum Ritual, dann treffen sich beide Menschen nicht wirklich. Sie kennen diese Leere nach einer Begegnung?

Wie verhält sich Aufmerksamkeit? Aufmerksamkeit heißt, sich auf etwas hin- oder zuzudehnen. Betrachten Sie etwas, und ihre Energie wird sich bis zu diesem Ding ausdehnen. Sobald die Neugier befriedigt ist, zieht sich Ihre Aufmerksamkeit wieder zurück von der Person, dem Ding, dem Ton, dem Duft, dem Gefühlten und bewegt sich sofort etwas anderem zu.

Probieren Sie es jetzt:
Denken Sie an eine Begegnung. Erst dann lesen Sie weiter ...
Sie werden feststellen, dass Sie nicht hier sind, sondern in der Szene. Sie haben sich ausgedehnt in die Szene, sind mit ihr verbunden.
Alles, auf was Sie Ihre Aufmerksamkeit richten, wird für Sie realer. D. h. die Realität, in der Sie leben, wird durch Ihre Aufmerksamkeit erhalten. Aufmerksamkeit ist also eine kreative Energie, die alles entstehen lässt, alles erschafft.

Was außerhalb der Aufmerksamkeit ist, ist nicht. Momentan!

Wenn Ihre Aufmerksamkeit häufig oder ständig das Objekt wechselt, können Sie ihre Ausrichtung trainieren. Was Sie dazu brauchen, sind der Wille und die Disziplin, es zu tun. Wenn die Aufmerksamkeit nicht durch Willen gehalten wird, erscheinen Geschichten aus der Vergangenheit, Vergleiche mit anderen, gehen Sie auf Impulse aus der Umgebung ein - die Begegnung findet in Fragmenten statt. Ist die Aufmerksamkeit völlig beim anderen, der Begegnung, dann können Sie den Zustand der Offenheit erfahren. Da ist nichts zu tun. Offenheit ist ein Zustand von Dasein.

Zen-Geschichte:

❛ Eines Tages kam ein Mann zu Zen-Meister Ikkyu und fragte ihn: »Meister, würdest du für mich bitte einige Maximen des höchsten Wissens schreiben?«
Ikkyu nahm seinen Pinsel und schrieb: »Aufmerksamkeit.«
»Ist das alles?«, fragte der Mann.
Ikkyu schrieb darauf: »Aufmerksamkeit. Aufmerksamkeit.«
»Nun«, sagte der Mann, »ich kann da nicht viel Tiefes darin sehen, was du geschrieben hast.«
Ikkyu schrieb dann die gleichen Worte drei Mal: »Aufmerksamkeit. Aufmerksamkeit. Aufmerksamkeit.«
Etwas verärgert forderte der Mann: »Was soll das Wort ›Aufmerksamkeit‹ eigentlich bedeuten?«
Ikkyu erwiderte sanft: »Aufmerksamkeit bedeutet Aufmerksamkeit.« ❜

Zuhören

» »Ich habe die Ansicht«, sagt Peter beim Mittagessen zu seinem Freund, »dass ich nicht unbedingt in allen meinen Handlungen von jeder Person geliebt werden muss – stattdessen konzentriere ich mich mehr auf meine eigene Selbstachtung an Stelle des Geliebtwerdens.« Sein Freund zieht die Augenbrauen zusammen und erwidert schnell: »Also, ich will nicht von anderen abgelehnt werden. Das geht doch nicht, dass jeder seine Impulse auslebt! Stell dir vor, jeder würde machen, was er will.« Peter fällt auf, dass sie auf diese Weise oft diskutieren und er seine Meinung verteidigen muss. Der Freund denkt, was für seltsame Ansichten Peter hat.

»Und wie ist es damit, dass du ständig versuchst, die Dinge zu ändern, die nun einmal so sind?« Sie schaut ihn provozierend dabei an. »Ich gebe zu, ich möchte die Bedingungen ändern und kontrollieren; na und, das ist doch normal«, entgegnet er etwas ärgerlich. »Ach, du mit deinem Kontrollieren und Machen. Nimm es doch einfach so hin und schließe Frieden mit dem Leben.« Sie wendet sich ab und schaut aus dem Fenster. Er fühlt sich wieder einmal nicht verstanden.

Die meisten Menschen hören Ihnen nur zu, um selbst reden zu können. Gespräche in Begegnungen sind oftmals dadurch gekennzeichnet, dass beide oder viele Beteiligte sich nicht treffen, um sich zuzuhören. Sie sind eher in einem Prozess des Überzeugens, des Ablehnens, des Manipulierens, des Darstellens der eigenen Meinung. Tun Sie das, meist schon innerlich, bevor der andere ganz ausgesprochen hat, sind Sie in Reaktion. Reaktion, weil Sie Ihre Einstellung, Haltung, Idee zu verteidigen glauben müssen. Alles wird beurteilt, was Sie sehen, hören, schmecken, fühlen. Passt das, was Ihnen ein anderer sagt, in Ihr Weltbild, Ihren Glauben, Ihre Erfahrungen?

Wenn keine Übereinstimmung zu finden ist oder es emotional unangenehm wird, wenn das andere unbekannt, neu ist oder gegensätzliche Elemente enthält, haben Sie mehrere Reaktionsmuster parat:

- Sie formen es so lange um, bis es passt. »Sie meint es wohl so und so.«
- Es wird ausgeblendet, als ob es nicht existierte. »Das ist unmöglich. Damit muss ich mich nicht beschäftigen.«
- Es wird bekämpft oder verneint, damit Ihr System nicht gefährdet wird. »Diesen Unsinn kann ich nicht gelten lassen. Das werde ich jetzt mal gleich zurechtrücken.«
- Es führt zum Schock. Sie halten den Atem an, verspannen sich, erröten, machen unkontrollierte Bewegungen, starren ins Leere.

Aktion ist, nicht wertend zuzuhören. Einfach nur zuhören. Denken Sie auch beim Hören von Musik ständig darüber nach, wie sie ist, was wohl als Nächstes kommt oder wie sie sein sollte? Müssen Sie wirklich unbedingt sofort und immer Ihre Idee, Meinung, Ihr Urteil äußern? Vielleicht ist es gar nicht erforderlich. Lebendige Begegnungen und Beziehungen zeichnen sich dadurch aus, dass der andere seine Ideen und Erfahrungen haben kann, ohne dass diese Sie gefährden könnten. Es ist des anderen Universum. Sie sind in Ihrem Universum.

Shakespeare schrieb:
Die Tatsachen sind weder gut noch schlecht.
Wir machen sie erst dazu.

In des anderen Universum können Dinge stattfinden, Ideen existieren, die völlig anders, Ihnen komplett unbekannt sind. Das Unbekannte muss nur dann abgewehrt werden, wenn es für Sie bedrohlich wirkt. Aber Unbekanntes ist einfach nur Unbekanntes.
Wenn Sie versuchen, alles andere und Unbekannte in Ihren mentalen Setzkasten zu zwingen, strengen Sie sich an und verpassen die wirkliche Begegnung.
Dass jemand etwas mitteilen kann - nur um es zu sagen - und keiner dazu einen Kommentar gibt? Das wäre eine andere Qualität der Beziehung.

Hinhören!

Einem gottesfürchtigen Mann erschien Gott und sagte ihm, dass er seine schützende Hand über ihn halte und seinen Weg leite.

Eines Tages ging der Mann durch den Dschungel spazieren. Da begegnete ihm ein Elefant mit seinem Führer darauf sitzend. Von weitem rief der Elefantenführer:
»Geh aus dem Weg, mein Elefant ist heute sehr wütend und mag keine Menschen, die seinen Weg betreten!«
Der Mann antwortete:
»Mir kann nichts geschehen. Gott schützt mich. Er kann mir nichts anhaben.«
So kam es, dass der Elefant wütend auf ihn zulief und ihn tot trampelte.
Ärgerlich beschwerte er sich, am Himmelstor angekommen, dass er ein gottesfürchtiger, gläubiger Mensch zeitlebens gewesen sei, und nun so etwas! Er war nicht beschützt worden!
»Aber, lieber Mann, habe ich dich nicht gewarnt, als ich auf dem Elefanten saß?«

Die Übung für Sie:
Können Sie die Geschichte von zuvor lesen, ohne sie zu interpretieren? Innere Kommentare sind, sich selbst zu hören, statt beim Gelesenen zu bleiben. Die Botschaften solcher Geschichten offenbaren sich, wenn keine Interpretationen stattfinden. Wenn ein ruhiger Verstand liest, öffnet sich das Tor zur Erkenntnis.

Mehr hören als Worte

Tschuang-Tse: »Als Kung-Fu-Tse mit dem Weisen Wen-Po zusammenkam, sprach er kein Wort.
Hernach fragte ihn Tse-Lu: ›Meister, du hast lange gewünscht, Wen-Po zu sehen. Wie ist dies, dass du, nun du ihn sahst, kein Wort zu ihm gesprochen hast?‹
Kung-Fu-Tse antwortete: ›Mit Menschen wie diesem bedarf es bloß des Schauens, und Tao erscheint. Da ist kein Raum für Rede.‹«

Hören Sie nur auf die Worte und sind Sie im Automatismus des Interpretierens des Gesagten gefangen, entgeht Ihnen der Raum zwischen den Worten. Das betrifft nicht nur die Worte des anderen Menschen, sondern auch Ihre Worte. Sind Sie nicht auch damit beschäftigt, während dem Sprechen Ihre Äußerungen zu werten? Signale werden ständig gesendet, doch der Empfänger ist zu sehr mit sich beschäftigt, sie zu empfangen. Achten Sie beim nächsten Gespräch darauf ...

Den anderen aber gänzlich erfassen heißt: auch auf die Stille achten, wo Sie den anderen spüren können. Sie erfahren viel mehr über den anderen, wenn Sie auf beides hören: das Gesagte und das Ungesagte, die Worte und die Stille. Da der Zweck von Begegnungen und Beziehungen eine Verbindung, ein Treffen ist, werden diese als oberflächlich, unbefriedigend und schal empfunden, wenn keine wirkliche Verbindung zu Stande kommt. Zusammen mit den Hinweisen im Kapitel »Raum geben« wird so ein wirkliches Treffen passieren.

Kommunikation ist nicht nur Reden, es ist auch Schweigen. Wirkliche Kommunikation umfasst beides. Wenn Sie beobachten, dass Ihnen oder Ihrem Gegenüber das Schweigen unbehaglich wird, wird Spüren, das wirkliche Treffen, vermieden.
So gelangen Sie an die Oberfläche, erfahren aber nicht, wie es Ihnen und dem anderen wirklich geht. Kommunikation, die sich durch »pausenloses« Sagen und Kommentieren auszeichnet, geschieht zu hastig, als dass Sie dadurch zum Bereich der subtilen Gefühle Zugang erhalten können. Es sind so feine Signale, leise Botschaften, die von Ihnen und dem anderen ausgehen, dass der Lärm des gesprochenen Wortes sie zu leicht verdeckt.

Nur das Herz kann richtig sehen;
was wirklich ist, ist unsichtbar für die Augen.

Antoine de Saint-Exupéry

Haltungen, die wir einnehmen und die uns einnehmen

Haltungen sind ein Mechanismus, den Sie gelernt haben. Haltungen sind nicht Sie. Sie bestimmen Ihren Umgang mit Menschen, wenn Sie in der Begegnung mit Worten kommunizieren. Eine Haltung kann grundsätzlich für

oder gegen den anderen oder eine Sache sein. Die Entscheidung für eine Haltung kommt von einer unbewussten Ebene, die Sie steuert. Diese Haltung wird meistens eingenommen, um eine Situation zu kontrollieren oder zu manipulieren, damit das Geschehen oder die Sache den Verlauf oder das Resultat zeigt, das Ihnen angenehm ist oder Ihrer Überzeugung entspricht. Dabei kann die Überzeugung sehr wohl auch eine für Sie hinderliche Überzeugung sein!
Der gravierende Nachteil ist, dass Sie von der Haltung eingenommen werden. Sie haben scheinbar keine andere Wahl, als immer diese oder jene Haltung einzunehmen. Damit werden Begegnungen oder Konflikte immer den gleichen Verlauf nehmen.

Gespräch zwischen zwei Freundinnen. Erika: »Ich habe Probleme am Arbeitsplatz mit meinem Chef. Er wird öfters aufdringlich.« Freundin: »Da musst du sofort etwas unternehmen. Ich würde ihn darauf ansprechen oder zum Betriebsrat gehen. Das darfst du gar nicht erst zur Gewohnheit werden lassen!« Erika: »Wem soll ich das sagen? Wir haben doch keinen Betriebsrat. Ich mache ja schon mal gegenüber meinem Chef eine Bemerkung, dass ich etwas nicht lustig finde. Aber das scheint er überhaupt nicht zu hören.« Freundin: »Du musst ihn zur Rede stellen. Am besten im Beisein von anderen. Das wird wirken!« Erika: »Na, ich weiß nicht.«

Gespräch zwischen zwei Freundinnen. Erika: »Ich habe Probleme am Arbeitsplatz mit meinem Chef. Er wird öfters aufdringlich.« Freundin: »Ach ja, das ist aber unangenehm. Das kann ich nachempfinden, dass dir der Arbeitsplatz nicht gefällt.« Erika: »Es ist ja nicht die Arbeit selbst, die macht mir Spaß. Aber die anzüglichen Bemerkungen: ›Sie möchte ich auch mal in der Sauna treffen. Na, kommen Sie doch ruhig näher, ich beiße nicht, ich kann noch viel mehr. Heute sehen wir aber wieder verdammt sexy aus.‹« Freundin: »Dass die Männer immer so reden müssen. Das kann ich auch nicht leiden.« Erika: »Wenn ich nur wüsste, was ich machen soll...« Freundin: »Ich kann es dir nachfühlen.«

Gespräch zwischen zwei Freundinnen. Erika: »Ich habe Probleme am Arbeitsplatz mit meinem Chef. Er wird öfters aufdringlich.« Freundin: »Was macht er denn?« Erika: »Er macht anzügliche Bemerkungen, na du weißt, so sexistisches Zeug.« Freundin: »Was machst du dann? Gehst du darauf ein?« Erika: »Am Anfang habe ich darüber gelacht und vielleicht auch mitgespielt, aber er macht das jetzt immer öfter und das nervt mich.« Freundin: »Und was machst du, wenn es dich nervt?« Erika: »Ich versuche, ihm so wenig wie möglich nahe zu kommen, verschanze mich hinter meinem Schreibtisch und bin kurz angebunden.« Freundin: »Vielleicht macht er es deshalb jetzt häufiger. Vielleicht will er mehr Kontakt zu dir und kann es über das Thema leichter.« Erika: »Das ist eine Möglichkeit. Ich muss einmal was anderes probieren.«

Die drei Varianten des Gesprächs zeigen drei Möglichkeiten von Haltungen, die Begegnungen und Gespräche prägen können. Die zwei ersten Haltungen sind Strategien, die auf Erinnerungen aufbauen, wie Sie am besten ein Gespräch führen. Auf diese Weise können Sie sich einbringen, da fühlen Sie sich sicher, da haben Sie die Kontrolle. Gleichzeitig erfahren Sie eine endlose Wiederholung Ihrer Gespräche, was zumindest für Sie langweilig und unlebendig ist. Sollten Sie solche Strategien in langfristigen Beziehungen und Partnerschaften pflegen, sind keine wirklichen, offenen Gespräche möglich. Schauen wir uns die Strategien genauer an.

Herrscher

Dieser Typ tritt im ersten Gespräch auf. Diese Beziehung wird vom Herrscher bestimmt. Herrscher sind laut, groß, stark. Damit erheben sie sich über den anderen. Sie wissen es besser. Ein Akt der Arroganz. Da sind so viele Menschen, die es besser wissen und meinen, Ratschläge geben zu können.
Damit mischen sie sich in einen sehr individuellen, einmaligen, unvorhersehbaren Ablauf des Lebens eines Menschen ein. »Ich meine es gut mit dir.« »Tu das, lass dies!« »An deiner Stelle würde ich ...« Niemand wird jemals an des anderen Stelle sein können. Jegliche Situation findet ihre Befreiung, Lösung, Veränderung durch die Lösung, die der andere aus seinem Innersten erfährt.

Herrscher sind *bestimmend, fordernd, maßregelnd*. Sie setzen somit in der Begegnung den anderen unter Druck, anerkennen nicht des anderen Art und Weise, wie dieser mit einer Situation umgeht. Ein Akt der Abwertung, allerdings gut verschleiert.

Herrscher *urteilen*. Dazu haben Sie genug in den vorigen Kapiteln gelesen, um zu durchschauen, dass Urteile über andere Urteile über sich selbst sind. Urteile über möglichst Dritte, die nicht anwesend sind, erlauben es, diese zu erheben oder erniedrigen, wobei keine Reaktion des Dritten möglich ist. Hören Sie zu, wie jemand über Dritte redet, und Sie wissen, wie er demnächst über Sie redet und was er wirklich über Sie und die anderen und den Rest der Welt denkt.

Herrscher sind *aggressiv, kämpfen*. Ihr Überlebensrezept ist vielleicht durch ebensolche Herrscher im Elternhaus geprägt worden, wo sie durch ihre Erfahrung und ihr Urteil feststellten, dass Kampf zum Erfolg führt.

In der Summe ihrer Aktionen und Bemerkungen finden Sie ein Nein, ein gut getarntes Nein, zu Ihnen. Es ist nicht in Ordnung, wie Sie sind. Sie reden, denken, fühlen, handeln nicht richtig. Mit dem Rest der Welt wird es sich ebenso verhalten.

Die Wirkungen der Worte der Herrscher führen bei anderen zu Verwirrung, Blockaden, Verweigerung, Störungen, Widerstand, Druck, Ungeduld, Nervosität. Das Problem wird als größer eingestuft, die Begegnung ist anstrengend. Treffen zwei Herrscher aufeinander, bleiben sie selten lange zusammen. Es gibt Konflikte, Kämpfe, Kriege.

Herrscher beherrschen den anschließend beschriebenen Typ gut.

Herrscher haben die Vorzüge, dass sie *Prozesse gut steuern* können. Sie sind *durchsetzungsfähig*. Sie haben eine gesunde Stärke und Standhaftigkeit. Das ist für bestimmte Situationen, Begegnungen und Beziehungen vorteilhaft. Gute Führungskräfte, Eltern, Lehrer können die Herrscher-Haltung bei Bedarf gut nutzen - um sie dann wieder abzulegen, wenn sie nicht angebracht ist.

Nachgiebige

Eindeutig das Gegenteil des Herrschers. Nachgiebige sind *behutsam, zurückhaltend, sprechen leise*. Sie sind klein und schwach, glauben sie, und so nehmen sie bei Begegnungen und Gesprächen diese Haltung ein. Auch sie haben gelernt, mit dieser Haltung erfolgreich zu sein. Wer nicht auffällt, dem geschieht nichts. Wer keinen Standpunkt einnimmt, muss nicht dafür stehen. Nachgiebige Schwache *stimmen zu bis zur Unterwürfigkeit*, machen beim anderen mit. Damit sind sie nicht mit dem anderen, sondern nur bei sich und ihrer Kleinhaltung. Sie haben es bemerkt: Hier geht es um das zweite Gespräch.

Eine offene, lebendige Begegnung findet nicht statt, sondern ein Ritual, das den Partner vielleicht erfüllt, weil er sich in seinen Argumenten und Gefühlen bestätigt sieht. Doch ein kreativer Beitrag wird nicht geleistet werden. Schwache sind darauf bedacht, den anderen in seinen

Ideen, Gefühlen und Verhalten zu bestätigen. Die Ignoranz heißt hier: Ich will damit nicht wirklich zu tun haben. Es ist mir zu anstrengend, mich damit zu beschäftigen. Ich nehme keine eigene Stellung ein.

Begegnungen mit Nachgiebigen hinterlassen bei den Partnern oftmals das Gefühl, heruntergezogen zu sein. Die *Präsenz* des Schwachen *ist lasch*, nimmt Energie, statt zu geben. Es ist, wie im Wasser zu treten, in Watte zu stochern, im Nebel zu tappen. Die unklaren Beiträge des Schwachen verstärken noch die Situationen oder Konflikte und hinterlassen den Partner in der Begegnung ratlos, enttäuscht, leer, verwirrt. Der Schwache kann nichts zu einem anderen Ergebnis beitragen. Er kann dem anderen schwerlich ein Nein geben, daher ist auch ein Ja nicht ehrlich.

Wenn zwei nachgiebige Schwache zusammentreffen, können sie sich wunderbar gegenseitig in ihren Themen und Konflikten bestätigen. Zwischen ihnen herrscht harmonisches Einverständnis. »So ist nun mal die Welt.« »Wem geht es nicht so.« »Da kann man nichts machen.« »Mir geht es doch genauso.«

Nach einem Vorteil suchend, findet sich die Gabe der Schwachen, *gut* zu *adaptieren*. Sie können schwierige, konfliktreiche Situationen entschärfen. Sie sind geduldiger und ruhiger als die Herrscher. Schwache können gut mit dem anderen »mitgehen«, auf sie eingehen, mit ihnen fühlen.

Offene

Die dritte Variante und das dritte Gespräch. Die Offenen *hören zu*, *werten nicht* und geben keine Ratschläge, fordern nicht zu einem bestimmten Verhalten, Denken oder Fühlen auf. Sie sind *wohlwollend*, *interessiert*. Offene verfolgen kein Ziel in ihrer Haltung und lassen die Situation sich entfalten. Sie *manipulieren nicht*. Sie sind wie ein authentisches Kind, das die Welt interessiert betrachtet und dann irgendetwas sagt, tut, lässt, was als Impuls aus seinem Innersten kommt.

Offene kommen in Gesprächen schnell zur Sache. Sie finden schnell den Zugang zu Ursachen und Gründen. Durch ihre Aufgeschlossenheit sind sie in direktem Kontakt mit der Wahrheit hinter den Geschichten.
Offene *äußern ihre Bedürfnisse*. Ihr Ja oder Nein ist ehrlich und nicht verletzend.

Begegnungen mit Offenen sind von Leichtigkeit und Frische geprägt. Der Partner fühlt sich wertgeschätzt, gleich welche absurden Gedanken, Gefühle oder Verhalten er hat, in welcher Situation er sich befindet. Offene surfen mit ihren Partnern, ohne Druck auszuüben, durch deren Welt.

Treffen zwei Offene aufeinander, gibt es nur Gewinner, die sich selbst ehrlich, authentisch zeigen und in ihren Begegnungen befruchten. Ihre Treffen sind lebendig, herzlich, kreativ.

Herrscher und Schwache können den Offenen nicht manipulieren.

Alle Haltungen sind möglich und hilfreich, wenn sie in den angemessenen Situationen eingesetzt und wieder abgeschaltet werden können. Eine zwanghafte Ausschließlichkeit einer Haltung ist Unfreiheit und Begrenzung.

Der ehrliche Mensch tut das Richtige
ohne sich zu bemühen,
versteht die Wahrheit ohne zu denken,
handelt,
indem er im Augenblick verweilt.

Laotse

Rollenspiele

Rollenspielen ist ein Beruf von Schauspielern, die dafür bezahlt werden, jemand darzustellen, der sie nicht sind. Rollenspielen in Beziehungen kann ein zwanghaftes Verhalten sein, das Beziehungen auf einer unrealen Ebene stattfinden lässt. Rollen können Begegnungen durch ihren Nutzen festigen oder scheitern lassen.
Das Unreale ist, dass sich Menschen nicht wirklich treffen, so, wie sie sind, sondern mit einem oder zwei aufgesetzten Images. Gesamtgesellschaftlich gesehen besteht das meiste soziale Miteinander aus einem Theaterstück, wo vergessen wurde, sich nach dem Auftritt abzuschmin-

ken. Alle Beteiligten glauben, sie wären nur das, was sie spielen.

Eine Rolle des anderen können Sie nur dann genießen, annehmen oder akzeptieren, wenn sie Ihnen gefällt oder nützlich ist. Meistens bestehen unausgesprochene Abmachungen: »Ich spiele meine Rolle, die dir gefällt, dafür kannst du deine Rolle spielen, die mir nutzt und gefällt.« Die Helferrolle braucht eine Bedürftigerolle. Die Täterrolle braucht eine Opferrolle.
Rollen können Beziehungen verhindern oder scheitern lassen, wenn diese nicht angemessen und nicht nützlich sind. Ein Wohltäter wird seine Rolle bei anderen Wohltätern nicht leben können. Vier Geschichten sollen es verdeutlichen.

❛ Jürgen ist ein beliebter Mann, besonders bei Männern. Er ist Computerspezialist, alle Software ist ihm bekannt, er weiß, wie man Programme installiert und repariert, welche Upgrades gerade wichtig sind, wie man sich kostengünstig im Internet bewegt, und außerdem kennt er die günstigsten Telefontarife. Er hatte einmal ein eigenes, kleines Softwareunternehmen. Ein wirklich nützlicher Mann. Er hat den Ruf, immer Rat und Hilfe geben zu können – auf seinem Spezialgebiet. Zu Männern jedoch, die sich mit seinen Themen nicht beschäftigen oder keine Computer nutzen, hat er nur sporadisch Kontakt. Frauen spielen in seinem Leben auf einer Nebenbühne eine kleine Rolle. ❜

❛ Peters Wohnung und Arbeitsplatz sind stets ordentlich. Alles hat einen ganz bestimmten Platz. Die Socken liegen farblich getrennt in der Schublade. Die Hemden hängen im Schrank links oben, die Strickjacken rechts daneben - immer. Auf seinem Schreibtisch liegen die zu bearbeitenden Projekte penibel getrennt. Eine Pinwand gibt Auskunft über die nächsten Termine. Sein Leben ist geprägt von Ritualen vom morgendlichen Tee (immer die gleiche Sorte) bis zum Mundwasser vor dem Schlafengehen. Peter berät beruflich Menschen, die Ordnung in ihr Innenleben bringen möchten oder müssen. Privat meidet er chaotische oder unzuverlässige Mitmenschen. ❜

❛ Ute ist eine freundliche Frau. Sie arbeitet als Masseuse, und nebenbei gibt sie den Kunden durch Gespräche immer das Gefühl, mehr zu bekommen, als nur berührt zu werden. Ihr Ehemann wird liebevoll versorgt. Sie liebt es, für andere etwas zu tun, zu erledigen, zu organisieren, zu kochen und macht gerne kleine Geschenke. Bei ihrem letzten Geburtstag stand sie etwas verlegen und ratlos im Raum, als ihre Freunde zahlreiche Geschenke mitbrachten. ❜

❛ Sabrina ist die Anlaufstelle für Sorgen und Probleme, die ihre Freundinnen und Bekannten nicht alleine zu lösen glauben. Auch am Arbeitsplatz ist sie als verständnisvolle Kollegin eine gern gesehene Mitarbeiterin.
Dieses vielleicht für Frauen typische Verhalten, sich über vieles und vor allem Emotionales ausführlich auszutauschen, ist ihre Stärke. Sie hat für alle Verständnis, hört zu,

ist aufmerksam. Sie hat schon alle Geschichten gehört und so können Kollegen und Freunde meistens nahtlos mit ihren Geschichten bei ihr wieder anknüpfen. ❞

Kennen auch Sie eine Ihrer besten Rollen? Sie können mehrere spielen, aber eine liegt Ihnen ganz besonders. Diese Rolle ist so zur Selbstverständlichkeit geworden, dass Sie die Rolle nicht sehen können, wenn Sie sie spielen. Im Spiel kann man es nicht von außen betrachten.

> Überlegen Sie jetzt einmal:
> Was fällt Ihnen am leichtesten zu spielen, womit fühlen Sie sich besonders wohl, mit welcher Rolle stellen Sie mit Ihren Mitmenschen am schnellsten Kontakt her?
> Ratgeben, helfen, verstehen, mitmachen, schmeicheln, drohen, bemitleiden, Ordnung schaffen, Chaos schaffen, bedürftig sein, schwach sein, krank sein, lustig sein ...

Sie, genauso wie Ihre Mitmenschen, die so genannte dominante Hauptrollen angenommen haben, taten dies, um eine Wirkung damit zu erzielen. Meistens entstehen die Rollen sehr früh im Leben, wenn sich ein Kind einer konfliktreichen Familiensituation ausgesetzt fühlt, die beispielsweise das Auseinanderbrechen der Ehe bedeutet haben könnte. Das sind Vermutungen, aber sie sind für das Kind real. Es möchte vereinen, zusammenhalten.

Kommen wir zurück zu den vier Geschichten.

Jürgen übernahm die Rolle »Rat geben«, um seine Eltern zusammenzuhalten, die sich nicht mehr verstanden, damals, vorübergehend.
Peter übernahm die Rolle »Ordnung halten und schaffen«, weil es in der Familie chaotisch zuging und er nur sehr wenig Platz für sich in einem Zimmer mit zwei größeren Brüdern hatte.
Ute hat gelernt, durch »Geben« die Aufmerksamkeit der Eltern auf sich zu lenken, damit diese nicht streiten.
Sabrina hat die Rolle »Verständnis zeigen« entwickelt, um die sich grämende Mutter zu entlasten, die keinen Ehemann hatte, der sie verstand. So war der Ehemann entlastet, seiner Frau zuzuhören.

Eine Rolle kann hilfreich sein, wenn diese Rolle momentan nützlich oder notwendig ist. Der Beruf oder die Notwendigkeit kann »Ordnung schaffen« erfordern, doch läuft die Rolle ins Leere, wenn Ordnung besteht.
Peter mit seiner dominanten Ordnungsrolle wird schwerlich eine leichte Beziehung haben können, wo der andere schludrig, schlampig, oberflächlich, ungenau oder chaotisch ist. Der andere ist völlig in Ordnung so! Sollte Peter einen Arbeitsplatz erhalten, wo alles in Ordnung ist, könnte er sich überflüssig vorkommen, weil es nichts zu ordnen gibt.

In einer Rolle gefangen zu sein ist ein Aufgeben der Individualität, des wirklichen Selbst, das Sie sind. Wenn es sich nicht entfalten kann oder völlig aufgegeben wurde, richten sich Ihre Interaktionen mit Ihren Mitmenschen nicht nach Ihren wirklichen Bedürfnissen und Impulsen, sondern den vorgelagerten Rollen, die sich nach der Umwelt ausrichten.

Rollenbeziehungen sind einseitig, da sie nur innerhalb der Rollen stattfinden. andere, bereichernde, kreative und weiterentwickelnde Möglichkeiten können sich nicht entfalten, die eine andere oder keine Rolle erfordern.

Zusammengefasst gilt für Rollen und Haltungen: Sie können im angemessenen Rahmen und in der passenden Situation als vorübergehendes Verhalten nützlich für Sie oder den anderen sein. Als dauerhaftes, zwanghaftes Verhalten schränken Rollen in Beziehungen Ihr Handeln, Ihre Wahrnehmung, Ihre Gefühle, Ihre Kommunikation ein. Ihre Aufmerksamkeit ist darauf gerichtet, ob Ihre Rolle ausgelebt werden kann, richtig ankommt, die erwarteten Wirkungen zeigt.

Menschen reisen,
um sich über die Höhen der Berge zu wundern,
über die hohen Wellen des Meeres,
über die langen Läufe von Flüssen,
über die Weite der Ozeane,
über die Kreisbahnen der Planeten,
und gehen ohne sich zu wundern
an sich selbst vorbei.

St. Augustin

Bedingungen

❛ Sie kam nach Hause und erzählte von ihrem Arbeitstag. Sie schilderte den Konflikt mit Karin, ihrer Kollegin. Ihr Mann zögerte, dachte offensichtlich nach. Nach einer Weile entgegnete er: »Ich kann das nicht verstehen, dass ihr euch ständig streitet. Könnt ihr das denn nicht einmal auflösen, das sollte doch möglich sein.« »Aber Karin sollte nicht immer das letzte Wort haben«, erwiderte sie. »Ich habe es ihr schon öfters gesagt, aber sie versteht mich nicht. Sie will es nicht verstehen!«
Ihr Partner schaut hilflos und sagt: »Ich verstehe das Ganze nicht. Ich kann dir dazu nichts sagen. Ich müsste da schon dabei sein, um mir ein Bild zu machen.«
Darauf wendet sie sich resignierend ab und meint: »Ich dachte, wenigstens du verstehst mich. Du solltest zu mir halten, du als mein Mann.« ❜

Wie sich jemand verhalten *soll,* ist eine einschränkende Bedingung in der Beziehung. Sie lässt dem anderen keine freie Selbstentfaltung. Wenn Sie zudem erwarten, dass Sie jemand verstehen soll oder muss, fordern Sie etwas unmögliches. Niemand muss Sie verstehen können. Diese Forderung ist der Versuch, den anderen zu manipulieren, und zwar dahin, ihn zu dominieren.

❛ Er traf einen Freund. Vor Tagen hatten sie am Telefon darüber gesprochen, dass ihn ein Video interessiert, das sich sein Freund gekauft hat, und er es gerne auch sehen möchte. Der Freund hat es nicht mitgebracht. Er macht seinem Freund innerlich Vorwürfe, dass er das Video nicht mitgebracht hat. Das sollte für seinen Freund selbstverständlich sein, dass er an ihn denkt. Er würde das nicht tun! Das sollte nicht sein, dass er ausdrücklich darum bitten muss. ❞

Hier enttäuscht sich jemand selbst mit einer unausgesprochenen Bitte. Eine selbst kreierte Idealvorstellung wird nicht erfüllt. Ideale sind Beschränkungen der Möglichkeiten, wie sich eine Situation entfaltet. Idealvorstellungen über sich oder andere oder das Leben sind in Beziehungen wie der Stacheldraht, an dem Sie sich immer wieder verletzen können. Nicht nur in Beziehungen zu nahestehenden Menschen, auch zur Gesellschaft, dem Wetter, der Natur, dem gesamten Universum können Idealvorstellungen beständige Quellen der Frustration sein. Und die anderen oder das andere erhalten Ihre Frustration zurück.

❝ Der neue Mitarbeiter kam ins Büro. Keiner blickte auf oder murmelte die üblichen Begrüßungsformeln. Nur sein Abteilungsleiter wies ihn in seinen Arbeitsplatz und die Geräte ein. Auch in der Mittagspause ergab sich kein Gespräch mit den anderen. Er saß alleine am Tisch in der Kantine. Als es Feierabend war, ging er verwundert nach Hause. Wo war er da gelandet? Was für eine Moral haben die Kollegen?
Das ganze Spektrum von Arroganz (sie meinen wohl besser zu sein, weil sie schon länger da sind) bis Gefühlskälte

(das sollten sie verstehen, wie jemand dabei zu Mute ist) spulte sich in seinem Verstand ab. Der nächste Arbeitstag erschien ihm wie eine lebensbedrohliche Herausforderung.
Am nächsten Morgen waren die meisten Mitarbeiter nicht an ihren Arbeitsplätzen. Der Abteilungsleiter bat ihn in sein Zimmer. Dort eingetreten, begrüßten ihn die Mitarbeiter herzlich und erklärten ihm, dass es ihr Ritual ist, den Neuen erst einmal einen Tag allein zu lassen, um zu sehen, was er mit der Situation macht. Er war verwirrt. Lachend verließen alle mit ihm den Raum und ermunterten ihn, sie um Rat und Unterstützung zu fragen. ❞

Jetzt treffen wir auf Interpretationen und Moralvorstellungen. Die Moralvorstellungen sind ein Teil des geistigen Gebäudefundaments, das uns Sicherheit und Kontrolle geben soll. Sie sind Begrenzungen für uns und andere, die eine Begegnung einengen. Ein Rahmen, in dem etwas geschehen soll oder nicht soll.

Die Situation: Die Sollte-Forderer müssen sich an etwas halten. Sie manövrieren sich selbst in Starre und Unfreiheit, sie können nicht authentisch und im Moment handeln. Die Sollte-nicht-Forderer sind in der gleichen Situation. Sie sagen, dass sie sich nicht daran halten, es sollte nicht geschehen. Sie verlangen, das Gegenteil zu tun und etwas zu unterdrücken.

Jegliches Sollte oder Sollte-Nicht sind Sicherheitsgurte oder trennende Mauern für Beziehungen. Sie sind das

Fundament erstarrter und begrenzter Beziehungen, wo die Forderer ihre Moral, Gesetze, Ideale, Konventionen, Etikette bewahrt sehen möchten.

Den Einschränkungen gegenüber stehen die offenen Möglichkeiten: Flexibilität, Spontaneität, Wahrheit, Freiheit - auch Lustgewinn. Gesteigerte Aufmerksamkeit und Wachheit sind vorhanden, wenn sich Bedürfnisse frei entfalten können und Begegnungen oder Partnerschaften offen sind für nicht reglementierte Möglichkeiten.

Verlässt jemand den Bereich des Wie-es-sein-Sollte oder Wie-es-nicht-sein-Sollte, erfährt er augenblicklich Bewertungen - über seine Person oder über seine Sache. »So solltest du dich nicht anziehen, das sieht überhaupt nicht gut aus.« »Das finde ich ganz ungeheuerlich, wie sich diese Jugendlichen aufführen.« »Die Art, wie die mit dem Geld umgehen, finde ich gar nicht gut.« »Schließlich zieht man zur Oper einen Anzug an.« »Das schlechte Wetter soll anders werden!«
Zwischen beiden Polen der beschränkenden Bedingungen und den offenen Möglichkeiten entsteht eine Dauerspannung, die mit Überlebens- und Ausgleichsstrategien abzumildern versucht wird.
Sie können rationalisieren, verdrängen, bewerten, verurteilen, Gewalt anwenden, sich innerlich entziehen, eine Begegnung oder Beziehung vermeiden oder sie beenden.

6 Abraham Lincoln unterbrach einmal eine Rede, um auf die andere Straßenseite zu laufen, um ein Schwein zu

retten, das gerade geschlachtet werden sollte. Als man ihn daraufhin auf seine Tierliebe ansprach, entgegnete Abraham Lincoln, dass es ihm nicht um das Schwein ginge, sondern er einfach den Anblick des Schlachtens nicht ertrage. Es sei nicht das Leiden des Schweines, sondern sein Schmerz, den er nicht erfahren möchte. ❞

Eine schöpferische Beziehung, wo Neues und Überraschendes, die Würze jeglicher Begegnung, geschieht, kennt kein Wie-es-sein-Sollte oder Wie-es-nicht-sein-Sollte. Darüber wird nicht gesprochen und gedacht. Da gibt es wohl Rituale, wo Sie sich treffen und wie der Auftakt ist, wie Sie sich annähern - so das Händeschütteln, das Umarmen, das Auf-die-Schulter-Klopfen. Danach hat eine Beziehung oder Begegnung einen offenen Verlauf. Ein einfaches Sein hat keine Gedanken über definierte Regeln oder Etikette. Es besteht auch kein Interesse daran zu gefallen oder nicht zu gefallen.

Da ist kein Katalog von Spielregeln, sondern lediglich die Tatsachen, die Empfindungen des Augenblicks, die Wahrheit. Erkaltete, eingeschlafene Beziehungen bestehen aus Regeln und Moral und Bedingungen.

So, wie der Mann, der mit seiner Frau lebt, um Treue zu beweisen. Er ist nicht treu, er tut es für den Beweis, um sich damit zu erheben; dann fühlt er sich groß und bewundernswert. Wie die Freundin, die unter allen Umständen Ihre beste Freundin sein möchte. Sie ist nicht Ihre beste Freundin, sie tut es für sich, um sich als das Beste zu erfahren und Sie möglicherweise gegen andere Freundinnen zu verteidigen.

Wie der hilfreiche Arbeitskollege, der immer helfen muss, aber es nicht für Sie tut, sondern um sich mit seiner Hilfsbereitschaft als guter Mensch zu bestätigen.

Das Sollte und Sollte-nicht entspringt nicht einem authentischen Begegnen, sondern der Vermeidung störender oder irritierender Gespräche oder Anblicke, die Ihr Konzept gefährden.
Zum Abrunden dieses Themas noch eine Zen-Geschichte über das, wie es sein sollte oder nicht sein sollte:

Hakuin, einer der berühmten Meister des japanischen Zen, hatte sich in seinem Leben nie einer Frau genähert. Nun geschah es, dass in dem Dorf, in dem das Kloster Hakuins lag, ein hübsches junges Mädchen namens Koko schwanger wurde. Die Eltern waren entsetzt über ihre Tochter und wollten wissen, wer der Vater sei. Aber Koko weigerte sich, den Namen zu nennen. Schließlich setzten die Eltern sie so sehr unter Druck, dass sie in ihrer Verlegenheit sagte: Hakuin.
Die Eltern waren wütend darüber, dass ausgerechnet der so reine und unfehlbare Hakuin ihre Tochter geschwängert hätte. Der Vater ging zu ihm und schrie ihn an, aber Hakuin antwortete nur: »Ist das so?«
Als das Kind geboren war, brachte man es zu Hakuin, und er zog es in seinem Kloster auf, als wäre es sein eigenes. So vergingen die Jahre.
Aber dann konnte es die junge Frau nicht länger ertragen, die Unwahrheit gesagt zu haben. Sie gestand den Eltern, wer der wirkliche Vater war – ein Fischer, der nur

selten in den kleinen Hafen des Dorfes gekommen war und sich seither nicht mehr hatte sehen lassen.
Der Vater des Mädchens ging zu Hakuin, entschuldigte sich, bat um Vergebung und nahm das Kind mit zurück in sein Haus.
Hakuin hatte das Kind lieb gewonnen und trennte sich nur ungern von ihm, aber er sagte wieder nur die Worte: »Ist das so?«

Ein brasilianisches Sprichwort sagt: Fremde Erfahrungen sind Blumen, die keiner pflückt. Gelesene Worte sind keine Erfahrungen. Um die Wirkung von Bedingungen zu erfahren, können Sie es probieren: Bei der nächsten Begegnung achten Sie auf Ihre Bedingungen, wie es sein sollte oder überhaupt nicht sein sollte. Kehren Sie die Bedingungen um, um zu spüren, wie sich Ihre Wahrnehmung der Begegnung verändert. Möglicherweise erleben Sie, wie Bedingungen einschränken.

Schuld, Vorwurf und Rechtfertigung

Wenn du nicht gewesen wärest, hätten wir...
Wenn Sie nicht den Fehler gemacht hätten, wäre ...
Weil du nicht gekommen bist, bin ich...
Wegen deiner Bemerkung fühle ich mich...

Mit solchen Aussagen werden Sie manipuliert oder manipulieren Sie. Manipulation, ob mit Schuldzuweisungen, Drohungen oder Beziehungsfallen, ist Heuchelei. Wer sich selbst nicht die Freiheit erlaubt, aus Spontaneität zu handeln, wird sie auch anderen nicht gestatten und in Beziehungen zu vermeiden versuchen. Wer sich von sich selbst so weit entfernt hat, dass er nicht mehr weiß, wer er wirklich ist - ohne Rolle, Haltung, Maske, Image -, möchte seinen Nächsten auch dazu bringen. Ist es gelungen, ist alles gut, beide sind im gleichen Boot.

Fehler oder Versagen, die herrlichen Momente, wo die Kontrolle versagt hat (damit ist nicht der Ausfall von Triebwerken bei Flugzeugen gemeint), diese Momente, wo Neues entstehen kann, wo Lernen stattfindet - auch das wird wundersamerweise in westlichen Kulturen mit Schuld beladen. Nicht dass sich jemand daran erfreut, diesen »Fehler« nicht selbst begehen zu müssen und sich bedankt! Nein, der Fehler, durch den alle anderen lernten, wird bei Ihnen mit einem Schuldspruch belegt.

Je weiter Sie sich in Beziehungen von den unausgesprochenen, gesellschaftlichen oder speziellen Regeln, Gesetzen, Tabus, Vorstellungen und Moral zwischen zwei oder mehreren Menschen entfernen, desto heftiger versuchen die anderen Sie wieder zurückzuholen. Ein wirksames Mittel dazu ist, Schuld zu erzeugen.
Ein deutliches Zeichen für eine offene, lebendige Beziehung sind Unvorhergesehenes, Spontaneität, Ehrlichkeit, Humor und das Durchbrechen von Normen. Jenseits der

Norm finden Sie das pulsierende, ungeregelte Leben, nach dem sich die meisten Menschen sehnen.

Sind Sie empfänglich für Schuldzuweisungen, werden Sie sich Fehler zuschreiben. Und damit sind Sie in einer Endlosschleife von Schuld-Fehler-Schuld-Entschuldigung-Schuld-Rechtfertigung-Schuld. Sie fühlen – nein, Sie denken! –, Sie haben etwas falsch gemacht, dann fühlen Sie sich vielleicht ertappt, dann fühlen Sie sich vielleicht abgelehnt, verurteilt, dann fühlen Sie sich mit sich selbst schlecht, vielleicht steigert es sich, dass Sie sich selbst hassen. Sie versuchen eine Ent-Schuldigung, womit Sie die Schuld annehmen für etwas, was nicht rückgängig gemacht werden kann und das das Leben wollte, dass es geschah. Möglicherweise suchen und bringen Sie eine Rechtfertigung vor, damit die Sache nicht so schwer auf Ihnen lastet. Damit gestehen Sie auch wieder Ihre Schuld ein.

Verwechseln Sie nicht Schuld mit Mitgefühl. Mitgefühl ist eine zutiefst menschliche Regung. Wirkliches Bedauern ist, wenn Sie tiefes Mitgefühl dafür empfinden, jemanden verletzt oder Unrecht getan zu haben. Ohne eine wirkliche Betroffenheit und den ehrlichen Beschluss, es wieder zu heilen oder auszugleichen, den Sie auch umsetzen, ist ein Schuldgefühl ein Trick, den anderen gütig, gnädig oder Ihnen weiterhin freundlich gesinnt zu halten. Eine taktische Unterwerfung zu Ihrem Wohlergehen und -befinden. Sie können das in der Politik und Wirtschaft beobachten. Eine Veränderung findet dadurch nicht statt, die Beziehungen bleiben auf der Ebene des Taktierens und Lügens.

Zum Innehalten:
Rechtfertigungen und Entschuldigungen sind die Folge von Schuldgefühlen, die durch Verurteilungen entstehen. Sie werden sich sicherlich an Ihre letzte Rechtfertigung erinnern. Wie fühlten Sie sich? Was vermuten Sie, fühlte derjenige, der Sie verurteilte? Hat sich der Urteilende emotional an Ihnen bereichert?

Vorwürfe sind ein Machtmittel, um von der eigenen Ohnmacht, der Unfähigkeit, die eigenen Bedürfnisse klarzustellen, abzulenken. Die Vorwerfer sind oftmals die Aufrechten, Wissenden, Heiligen, Alleskönner. Sie sind die heimlichen Schwachen, die ihr Versagen, ihre Schwäche oder Unkenntnis ignorieren und verdecken möchten. Sie erheben sich durch Vorwürfe an die anderen, die sich nicht verhalten wie sie - sie, die sie wissen, wie man sich verhält. Ein grausames Spiel: Die Vorwerfer sind stark und groß für den Preis des Selbstverrats.

Wenn sich zwei oder mehrere Menschen zugestehen, dass die Beziehungen und Begegnungen nicht starr geregelt sind, wenn Gefühle und Gedanken geäußert werden können, besteht keine Chance für Schuld, die einengt und manipuliert. Schon früh kann der Trick gelernt werden, wie man die anderen für sich gewinnt oder gütig stimmt: Sie appellieren an eine unterschwellige Schuld-Idee (als

Schuld-Gefühl bekannt) und können den anderen dann großherzig davon befreien, indem Sie sich von ihm bedauern lassen ob seiner Misshandlung oder Missachtung.

- Je mehr Schuld er erzeugt, desto bedeutsamer wird der Heilige.
- Je mehr Recht er hat, desto mächtiger wird der Mächtige, der Große.
- Je mehr Menschliches verdammt wird, desto schuldiger fühlt sich der Mensch.
- Je mehr das Originale verdrängt wird, desto psychopathischer wird die Gesellschaft, die das Psychopathische dann als das Normale predigt.

Sicher, die ganze Schuldgeschichte begann mit Adam und Eva. Es hatte sich aber ganz anders zugetragen:

❛ Adam kam eines Abends sehr spät nach Hause. Eva stand mit grimmigem Gesicht vor der Tür. »Warst du wieder mal bei einer anderen Frau?« »Ich bitte dich«, entgegnete Adam, die Schuhe ausziehend, »du weißt, wir sind die einzigen beiden Menschen hier.« Argwöhnisch beließ Eva es dabei.
In der Nacht wachte Adam von einem Kitzeln am Oberkörper auf, öffnete etwas die Augen und sah, wie Eva seine Rippen zählte. Sie zählte doch tatsächlich ... ❜

Fehler und Verzeihen

Einsichten auf dem Weg

Ich gehe die Straße entlang.
Da ist ein tiefes Loch im Gehsteig.
Ich falle hinein. Ich bin verloren ... ohne Hoffnung.
Es dauert endlos, wieder herauszukommen.

Ich gehe dieselbe Straße entlang.
Da ist ein tiefes Loch im Gehsteig.
Ich tue so, als sähe ich es nicht.
Ich falle wieder hinein.
Ich kann nicht glauben, schon wieder am gleichen Ort zu sein.
Aber es ist nicht meine Schuld.
Immer noch dauert es sehr lange, herauszukommen.

Ich gehe dieselbe Straße entlang.
Da ist ein tiefes Loch im Gehsteig.
Ich sehe es. Ich falle immer noch hinein ... aus Gewohnheit.
Meine Augen sind weit offen.
Ich weiß, wo ich bin. Es ist meine eigene Schuld.
Ich komme sofort heraus.

Ich gehe dieselbe Straße entlang.
Da ist ein tiefes Loch im Gehsteig.
Ich gehe um es herum.

Ich gehe eine andere Straße.

Sogyal Rinpoche

Zu Fehlern wurde im vorangegangenen Kapitel bereits etwas gesagt, doch soll es hier weiterbehandelt werden.

Sicherlich haben auch Sie einmal aus Unaufmerksamkeit, Unbewusstheit in einer Begegnung etwas gesagt oder getan, was unangemessen war. Sie mögen den anderen missachtet, misshandelt, verletzt haben. Sie sind vielleicht darauf aufmerksam geworden, weil sich der andere zurückzieht oder Ihnen durch sein Verhalten signalisiert, dass ein Riss entstanden ist. Intelligent ist, es direkt anzusprechen. Sofort und nicht erst beim nächsten Treffen, in der nächsten Woche, in drei Monaten: »Damals hast du... und seitdem...« Sind Sie in Ihrem Spiel, können Sie es nicht von außen betrachten. Der andere ist ein wertvoller Spiegel unserer Aktionen und Reaktionen. Sind beide Beteiligten spontan und ehrlich, werden sie das Thema sofort ansprechen.

Eine tückische Falle ist das Zuweisen von »Fehlern«. Sie wird so konstruiert, dass sich der andere auf Grund Ihrer Aussage nicht mehr wohl, sondern schuldig fühlt. »Weil du nicht rechtzeitig gekommen bist, fühlte ich mich unbedeutend.« »Ich bin schockiert wegen deiner Worte.« »Weil du nicht aufgeräumt hast, fühle ich mich ungemütlich.« »Es macht mich ärgerlich zu sehen, wie du dich kleidest.« »Weil du nicht aufgepasst hast, muss ich jetzt alles noch einmal kontrollieren und das ärgert mich.«
Sie haben nicht die Verantwortung dafür, was der andere fühlt. Sie haben nur die Verantwortung für etwas, was in Ihrer Kontrolle ist. Sind Ihre Handlungen und Worte ein

echter Ausdruck Ihres Wesens, können Sie doch gar nicht anders!
Wechseln wir die Seite. Wenn Sie von einem anderen hören, Sie wären für seine Gefühle verantwortlich oder die Ursache, dann werden Sie sich sehr wahrscheinlich schuldig fühlen oder beschämt sein. Das verhindert, dass Sie mitfühlend sein können. Denn beide Gefühle - Mitgefühl und Schuld bzw. Scham - gehen nicht gleichzeitig.
(Bei angenehmen Gefühlen, die Sie auslösen, freut sich das Ego über seine guten Leistungen. Auch die gleiche Falle: Sie haben mit diesen Gefühlen nichts zu tun. Es ist die Wertung und Bedeutung, die der andere über Ihre Handlungen oder Worte stülpt.)

Manche Menschen fühlen sich in der Rolle oder Haltung des Kritikers wohl. Sie manipulieren ihre Mitmenschen durch häufige Kritik, Tadel, Beanstandungen und Einwände.
Es ist ein Versuch, den anderen kleinzumachen. Damit wird in einer solchen Beziehung die Entfaltung des Partners behindert oder unmöglich gemacht. Steigt der Partner in dieses Spiel ein, wird er zunehmend verstummen. Die Beute der Kritiker ist die erhaltene Macht über den anderen. Er saugt dessen Aufmerksamkeit und Energie auf.

Fehler sind, wie bereits gesagt, eine Gelegenheit, zu lernen und sich weiterzuentwickeln. Fehler in Beziehungen machen diese zu einer Möglichkeit beiderseitigen Bereicherns und Lernens.

Für den, der Fehler gemacht hat, ist es wichtig, diese nicht zu erklären, zu begründen, zu rationalisieren.
Das Rationalisieren ist ein Trick, dem Gefühl auszuweichen. Ist da wirkliche Empathie?
Wenn ja, dann werden Sie die Gefühle des anderen verstehen. Sich verletzlich zeigen können, unvollständig sein dürfen ist eine größere Leistung als Rechthaberei, die sich durch geschicktes Rationalisieren darstellt. Rationalisieren, wie »Die Situation war eben so« oder »Unter diesen Umständen konnte ich nicht anders als«, ermöglicht keine Auflösung, ihm folgt am wahrscheinlichsten die Wiederholung des Fehlers.
Wenn Sie die Überzeugung manifestiert haben, bei Fehlern bestraft zu werden, was unsere Erziehungssysteme in lebensfeindlicher Weise betreiben, werden Sie wie hypnotisiert die Strafe erwarten, was Sie möglicherweise in einen Dauerstress versetzt.

Eine gute Übung dazu: Sie können dieses Gesetz durchbrechen, wenn Sie Ihre Fehler in Beziehungen in humorvoller Weise betrachten und sie noch einmal völlig übertrieben innerlich nachspielen.

Das Leben oder Gott hat keine perfekte Welt geschaffen! Die große Befreiung geschieht, wenn Sie die Dinge nicht mehr zu ernst nehmen. Beziehungen sind ein Spiel. Ein falscher Zug ist nicht das Ende. Sie können das Spiel wieder beginnen und über den falschen Zug gemeinsam lachen.

Lebendige Beziehungen zeichnen sich dadurch aus, dass die Regeln gebrochen werden. Für den anderen, der vom Fehler betroffen wurde, bedeutet dieses, eine andere Regel einzuführen: Versöhnen.
Versöhnen nicht als großzügigen Akt, um den beschämten anderen zu manipulieren - »er steht jetzt in meiner Schuld« -, sondern um das ursprüngliche Gefühl oder den natürlichen Impuls wieder zuzulassen, Verletzlichkeit, Unvollständigkeit, Unwissen anzuerkennen und nicht auszunutzen, sondern zum Wohlergehen des anderen beizutragen.
Diesen Akt der Versöhnung mit dem anderen ist Wertschätzung in höchster Form auch für den, der den Fehler erlebt hat.

Ich benutze den Begriff »Verzeihen« seltenst. Verzeihen kann ein doppelbödiges Spiel sein, wo es einen Größeren und Kleineren gibt. Wo *überhebliches* Verzeihen den anderen in einem Gnadenakt erniedrigt. Fragen Sie um Verzeihung, um sich zu ent-schuldigen, sind Sie schuldig. Eine lebendige Beziehung kennt keine Schuldigen, sie kennt Fehler und deren Auflösung.
Die Frage ist nicht, ob und wie viel Sie und der andere es wert sind, die Beziehung fortzuführen. Da wird berechnet. Die Frage ist, ob Sie so viel Wertschätzung und Liebe erlauben können für den anderen und sich selbst. Dann sind Versöhnung und wirkliches Vergeben etwas Selbstverständliches.

Es ist in Beziehungen frustrierend und trennend, zu erfahren, dass ein Versöhnen keine Änderung zur Folge hat. Damit gehen Glaubwürdigkeit und Respekt dahin. Als letzten Schritt der Auflösung des Fehler-Schuld-Scham-Spieles für den, der Fehler erfühlt und nicht rationalisiert hat, gilt es das Verhalten tatsächlich zu ändern. Das heißt, die Einsicht ist eingetreten und der Wille darauf ausgerichtet, verletzende oder erniedrigende Fehlverhalten in Beziehungen nicht mehr geschehen zu lassen.

Eine Geschichte von Johann Sailer:

❛ Ein afrikanischer Medizinmann führt seinen Schüler in den Wald. Obwohl er schon betagt ist, geht er behände, während sein Schüler ständig stolpert und stürzt. Er rappelt sich auf, flucht, spuckt auf den tückischen Boden und folgt dem Meister. Nach einer langen Wanderung gelangen sie an einen heiligen Ort. Ohne anzuhalten macht der Medizinmann auf dem Absatz kehrt und begibt sich auf den Heimweg. »Ihr habt mich heute nichts gelehrt!«, sagt der Schüler, als er wieder gestürzt ist. »Ich habe dich etwas gelehrt, doch du hast es nicht begriffen«, sagt der Medizinmann. »Ich versuche dich zu lehren, wie mit den Fehlern im Leben umzugehen ist.« »Und wie soll ich mit ihnen umgehen?« »Genauso, wie du mit deinen Stürzen umgehen sollst«, antwortet der Medizinmann. »Anstatt die Stelle zu verfluchen, an der du gestürzt bist, sollst du versuchen herauszufinden, was dich zu Fall gebracht hat.« ❜

Bedürfnisse äußern

Am Anfang war das Wort. Das Wort war ein Gedanke. Der Gedanke war ein Bedürfnis. Das Bedürfnis hieß: Leben. Dann kam ein weiteres Wort hinzu, das bestimmte, wie es sein soll und was nicht sein soll. Die Worte kleideten sich in einen Wunsch, eine Forderung, eine Bitte. Dann formte sich ein Gefühl. Und schließlich eine Handlung. Alleine mit sich ist es für Sie ziemlich einfach, Ihre Bedürfnisse zu erfüllen - wenn sie realistisch sind.

Wenn nun Ihr Bedürfnis ist, eine Begegnung oder Beziehung zu erleben, kommt es dazu, dass Ihre Bedürfnisse und die Bedürfnisse des anderen oder der anderen zusammentreffen. In den meisten Beziehungen treffen sich nicht die Menschen, sondern deren Bedürfnisse.
Selten ist es so, dass zwei oder mehr Menschen zusammen sind, ohne dass sie etwas voneinander wollen. Liebende kennen diese Momente, vielleicht Stunden oder Tage, wo alles in Ordnung ist, wie es ist. Wo scheinbar der andere alle Wünsche von Ihren Augen abliest. Das werden Sie an Ihrem Arbeitsplatz oder bei der Begegnung mit Ihrem Vermieter kaum erleben.

Jetzt heißt es also handeln, die Bedürfnisse ausdrücken, aussprechen. So einfach!? Vielleicht. Denn werden die Bedürfnisse nicht genau ausgedrückt oder mit Gefühlen verwechselt, dann ist die Grundlage für Konflikte geschaffen.

»Ich möchte, dass du in meiner Nähe bist.«
Das ist nicht das wirkliche Bedürfnis.
»Ich möchte nicht allein sein.«
Das ist das wirkliche Bedürfnis!

Nun noch zu den Gefühlen, die erlebt werden, wenn Bedürfnisse nicht erfüllt werden. Sie sind ein gutes Zeichen, auf das Sie achten können. Kommt eine Äußerung, die folgende Gefühle beschreibt, wissen Sie, dass ein Bedürfnis nicht oder nicht ausreichend befriedigt ist:

düster - belastet - niedergedrückt - rachsüchtig - angespannt - schuldig - matt - ärgerlich - wütend - angstvoll - verwirrt - nervös - sauer - krank - verdrossen - verlegen - irritiert - böse - verloren - verlegen - überlastet - zögerlich - hilflos - unruhig - sorgenvoll - schwermütig - gehemmt - bitter - stinkig - mutlos - konfus - feindselig - lethargisch - frustriert - miserabel - deprimiert - durcheinander - melancholisch - aufgewühlt - verzagt - enttäuscht - gleichgültig - verloren - erschöpft - überwältigt - passiv - verzweifelt - entsetzt - apathisch - hasserfüllt - wütend - verabscheuend - entmutigt - kummervoll - elend - träge.

Die Verantwortung für diese Gefühle zu übernehmen, die Sie oder der andere gebildet hat, bedeutet, in der Beziehung sich dazu zu bekennen und sich mit dem vermissten Bedürfnis zu verbinden.

Etwa so ausgedrückt:

Ich bin sauer, weil ich ... brauche, ich ... gerne hätte, ich ... möchte, mir ... wichtig ist, mir viel daran liegt ..., für mich ... bedeutungsvoll ist, mir ... am Herzen liegt.

Sie kennen die Gefühle, wenn Ihre Bedürfnisse anerkannt, erfüllt, befriedigt werden! Ich verzichte darauf, die vielfältigen Möglichkeiten von »ekstatisch« bis »ruhig« aufzuführen.

Meistens werden also die Gefühle präsentiert und dann noch der andere als Auslöser damit verbunden:

1. »Ich bin enttäuscht, weil du nicht angerufen hast!«
2. »Ich ärgere mich, weil Sie das Kopierpapier nicht nachfüllen.«
3. »Mir stinkt es, du lässt deine Kleider überall herumliegen.«
4. »Ich bin unzufrieden, weil die Firma dieses Jahr keine Gratifikation ausschüttet.«
5. »Ich bin frustriert, weil die Firma ständig neue Umsatzvorgaben macht.«

Die typischen Ich-fühle-mich-weil-du-Sätze können Anklagen oder Lob, Verletzung oder Wohlbefinden ausdrücken. Auf der einen Seite ist ein Bedürfnis, auf der anderen Seite ein Erleben, in der Mitte das Gefühl, weil das Erleben mit dem Bedürfnis nicht übereinstimmt.

6. »Ich bin so glücklich, dass du gekommen bist.«

Das schmeichelt, tut gut, da gibt es nichts zu deuten.

Aber welche Bedürfnisse haben die Beteiligten wirklich gehabt? Sie ahnen es, Sie wissen es?
Nehmen wir noch einige Beispiel dazu - noch raffinierter versteckte Bedürfnisse, hier in eine Anklage verpackt:

7. »Musst du denn diese alten, ausgefransten Hosen anziehen, wenn wir zu Tante Erika fahren?«
8. »Können wir nicht einmal pünktlich losfahren, wenn wir ins Kino wollen?«

Die Bedürfnisse in den vorgenannten Aussagen könnten sein:

1. Kontakt
2. Einhaltung von Regeln
3. Ordnung
4. Anerkennung
5. Verlässlichkeit
6. Nicht allein sein
7. Adrettes Aussehen
8. Pünktlichkeit

Höchste Priorität der Bedürfnisse des anderen ist zunächst einmal, gehört zu werden. Das braucht einen Partner, der wirklich zuhört.
Bedürfnisse, die Sie nicht direkt ansprechen, kann der andere nicht erfüllen, weil er sie nicht kennt. Er hat auch nicht die Pflicht, sie zu erfüllen. Er hat die Wahl.
Wenn Sie Bedürfnisse äußern, dann sind sie mit einer Tätigkeit zu verbinden. Hören Sie genau hin, wenn Sie

Vorwürfe hören. Vorwürfe sind unglückliche Ausdrücke eines nicht erfüllten Bedürfnisses.

Unklar: »Ich bin enttäuscht, weil du nicht angerufen hast!«
Klar: »Ich fühle mich enttäuscht, weil ich deinen Kontakt brauche (und ihn nicht bekommen habe).«
Unklar: »Ich ärgere mich, weil Sie das Kopierpapier nicht nachfüllen.«
Klar: »Ich ärgere mich wegen des Kopierpapiers, weil ich das Einhalten der Abmachungen brauche (die Sie nicht eingehalten haben).
Unklar: »Mir stinkt es so, du lässt deine Kleider überall herumliegen.«
Klar: »Mir stinkt es, weil ich auf eine ordentliche Wohnung Wert lege (die ich nicht vorfinde).«
Unklar: »Ich bin unzufrieden, weil die Firma dieses Jahr keine Gratifikation ausschüttet.«
Klar: »Ich bin unzufrieden, weil ich Wert auf diese Anerkennung lege (und nicht bekomme).«

Es mag etwas schwierig sein, die Sprache umzustellen, und es mag am Anfang etwas holprig klingen, wenn Sie Ihre Bedürfnisse artikulieren.
Doch Sie bringen sich selbst damit der Erfüllung von Bedürfnissen näher und schaffen authentische Beziehungen. Zu Ihren Bedürfnissen stehen heißt, Verantwortung dafür zu übernehmen. Anstatt den anderen anzugreifen und in Zugzwang zu setzen, sagen Sie doch, was Sie möchten.

Wenn Sie Ihre Bedürfnisse aussprechen, werden Sie selten deren Erfüllung erreichen, wenn Sie diese als Gefühle darstellen:
»Ich möchte, dass Sie es mit Humor nehmen.«
»Ich möchte, dass du liebevoll bist.«

Bei nebulösen, abstrakten, unbestimmten Bedürfnissen ist kaum nachvollziehbar, was Sie genau möchten:
»Ich möchte von dir ernst genommen werden.«
»Ich möchte von Ihnen mehr Leichtigkeit.«

Bauen Sie Vergleiche ein, werden Sie auch kaum erfolgreich sein:
»Sei nicht so wie dein Vater.«
»Machen Sie doch mal schneller.«

Der Hinweis auf etwas, was unterlassen werden soll, sagt nicht, was Sie wünschen:
»Ich möchte nicht, dass du mich warten lässt.«
»Ich möchte nicht, dass Sie es vergessen.«

Wandeln Sie Vorwürfe und Forderungen in das klare Darstellen Ihrer Bedürfnisse:

Vorwurf:	»Ich bin ärgerlich, weil Sie mich nicht beachtet haben.«
Bedürfnis:	»Ich möchte, dass Sie mich beachten.«
Forderung:	»Wir sollten die ganzen Asylanten nicht reinlassen.«
Bedürfnis:	»Ich möchte keinen Fremden begegnen.«

Sie bekommen eher Ihre Bedürfnisse erfüllt, wenn Sie diese so formulieren, dass sie positiv sind und konkret ein Handeln oder Verhalten beschreiben:
»Ich möchte, dass du pünktlich bist.«
»Ich möchte, dass Sie das Geschirr wegräumen.«
»Ich möchte, dass du mir zuhörst.«

Lassen Sie dabei dem anderen die Freiheit der Entscheidung, auf Ihre Bedürfnisse einzugehen oder nicht.
»Ich möchte von dir, dass du mir jetzt zuhörst. Bist du bereit?«
»Ich möchte von Ihnen, dass Sie pünktlich kommen. Ist es Ihnen möglich, das zu tun?«

Fragen Sie nach! Was hat der andere verstanden? Möglicherweise werden Ihre Worte verschieden gedeutet. Es können beim anderen Gefühle auftauchen - es ist wertvoll für Sie, diese zu kennen. Tauchen Ärger, Wut, Verwirrung, Angst, Leichtigkeit, Freude auf?
Fragen Sie:
»Bitte sage mir, was du verstanden hast!«
»Können Sie mir sagen, was Sie von mir gehört haben?«
»Bitte sage mir, wie es dir damit geht?«
»Wie fühlen Sie sich damit, wenn Sie das hören?«

Es kann ein interessantes Spiel sein, zu hinterfragen, was die wirklichen Bedürfnisse sind - sowohl für Sie als auch für den anderen. Eine lebendige Beziehung enthält, sich mit dem anderen zu mehr Klarheit und Ehrlichkeit zu bewegen.

Konflikte

❛ Die Tochter sitzt auf dem Sofa, in ihren Hausklamotten, liest völlig vertieft eine Zeitschrift. Die Mutter räumt im Wohnzimmer auf, trägt die alten, gelesenen Zeitschriften weg. Nach einer Weile weiteren Herumräumens beschwert sie sich: »Ich glaube, du interessierst dich nur für dich.« Die Tochter denkt: Was ist denn jetzt los? Kann ich nicht in Ruhe meine Zeitschrift lesen? Sie antwortet, die Zeitschrift weiter anschauend: »Immerhin bin ich zu Hause und treibe mich nicht draußen rum.« Die Mutter denkt: Das reicht mir nicht. Sie erwidert, jetzt heftiger: »Also früher hast du mir öfters mal geholfen, hast dich nett angezogen, und wie du jetzt dasitzt und aussiehst!« Die Tochter denkt: Ja, früher, interessiert mich aber jetzt nicht mehr. Die Tochter sagt: »Was ist denn jetzt auf einmal nicht mehr in Ordnung mit meinen Klamotten?« Die Mutter wird säuerlicher: »Ach, du interessierst dich nicht für mich!« Beide fühlen sich in ihrer Welt nicht verstanden. ❜

Diese Geschichte kennen Sie schon. Sie soll dem Aufspüren der Ursache eines Konflikts dienen. Hier ist der typische Fall eines Interessen- oder Bedürfniskonflikts: die Basis der meisten Auseinandersetzungen und - zwischen Völkern - Kriege. Die Tochter möchte ihre Ruhe haben und eigentlich allein sein, die Mutter braucht Anerkennung oder Wertschätzung. Sie braucht nicht irgendeine Art der Anerkennung, sondern es muss ein sichtbarer Beweis, eine sichtbares Zeichen sein, sie muss es sehen können. Sind die wirklichen Bedürfnisse beiden bekannt und mitgeteilt, besteht die Möglichkeit, den anderen zu bitten, das Bedürfnis zu erfüllen.

In den Begegnungen oder Beziehungen entstehen Konflikte aus zwei wichtigen Bedürfnissen oder aus scheinbar unvereinbaren Bedürfnissen zweier oder mehrerer Menschen, die nicht oder nicht ganz erfüllt werden. Es gibt keine Bedürfnisse, die wertvoller oder minderwertiger sind. Das momentane Bedürfnis ist für den Einzelnen immer das Wichtigste, auch wenn es dem anderen als belanglos erscheint. Die Bedürfnisse sind wechselhaft. Einmal hat dieses Bedürfnis Priorität, dann ein anderes. Sie müssen jedes Mal ausgesprochen werden.
Über allen Bedürfnissen nach Respekt, Zuhören, Berührung, Mithilfe, Liebe, Kollegialität, Loyalität usw. steht das alles überstrahlende Bedürfnis nach Wertschätzung. Oder nennen Sie es Anerkennung. Das ist der große Mangel, an dem die meisten Beziehungen leiden. Das Leiden drückt sich nicht direkt, sondern durch vorgeschobenes Nörgeln, Kritisieren, Meckern, Streiten, Kämpfen aus.

Werden Bedürfnisse nicht erfüllt (falls der andere überhaupt die Bedürfnisse kennt und erfüllen kann), entsteht meistens Ärger.
Mit dem Ärger wird vermieden, sich selbst zu spüren und die Verantwortung für die Bedürfnisse zu übernehmen. Denn Sie haben das Bedürfnis kreiert. Also können nur Sie es wieder diskreieren. Es ist einfach!

Einen Konflikt können Sie auch durch das Verschieben des Bedürfnisses lösen. Jegliches Bedürfnis kann zurückgestellt werden, wenn es jetzt oder hier nicht erfüllt werden kann. Mit dem anderen ist eine einfache Abmachung, wann darüber wieder gesprochen wird oder wann Sie auf das Bedürfnis eingehen, eine elegante Lösung.

Lebendige und authentische Beziehungen zeichnen sich durch Wertschätzung und Bekanntheit der Bedürfnisse aus.

Innere Konflikte - wie der Zwiespalt zwischen Wahrheit und Schein - bedeuten nicht nur für den Menschen, der sie erlebt, einen dauerhaften Konflikt, sondern wirken sich auf dessen Beziehungen aus. Interne Bedürfniskollisionen spalten den Menschen, der mit seinem Gespaltensein seine Mitmenschen vor das Rätsel stellt, was er denn wirklich möchte.

Oliver ist der neue Abteilungsleiter. Das Unternehmen setzt auf ihn die Hoffnung, die Abteilung effizienter zu machen. Das tut der Eitelkeit gut. Da steigt der Selbstwert. Dazu muss er sich als Autorität etablieren, sonst kann er keine unbequemen Veränderungen einleiten. Er selbst mag kein autoritäres Gehabe und ist eher ein Teamspieler, der mit Freunden zusammen sein möchte. Sein Konflikt: Er möchte sowohl Anerkennung von der Unternehmensleitung als auch die Freundschaft der Mitarbeiter. Der Konflikt überträgt sich auf alle seine Beziehungen, weil er in keiner authentisch ist.

Mal ist er etwas wie ein Freund, mal ist er etwas wie eine Autorität. Diese Haltung kann zu keiner lebendigen Beziehung führen, die auf Wahrheit beruht. Oliver muss sich entscheiden. ”

Und die Lösung aller Konflikte beginnt bei der Wahrheit. Ist sie ausgesprochen, wird sie dem anderen bekannt, kann der Konflikt gelöst werden.
Sie haben bei konfliktreichen Situationen, wo Ihre Bedürfnisse nicht erfüllt werden, drei Möglichkeiten:

- Sie akzeptieren die Situation.
- Sie ändern die Situation, wenn es Ihnen möglich ist.
- Sie verlassen die Situation.

“ Er sitzt auf dem Sofa, in seinen Hausklamotten, liest völlig vertieft die Zeitung. Sie räumt im Wohnzimmer auf, trägt die alten, gelesenen Zeitschriften weg. Nach einer Weile weiteren Herumräumens spricht sie ihn an: »Ich möchte etwas von dir.« Er: »Was denn?« Sie: »Ich will einfach nur, dass du mit mir und nicht mit der Zeitung bist.« Er zögert, dann: »Kann ich noch diesen Artikel fertig lesen?« Sie: »Ist er wirklich so wichtig, wichtiger als ich jetzt?« Er direkt: »Nein, den Artikel kann ich auch noch später lesen.« Er wendet sich ihr zu. »So, hier bin ich.« Sie setzt sich neben ihn, legt einen Arm um seine Schultern. »Ich brauche jetzt deine Aufmerksamkeit. Und ich muss dich anfassen, um bei dir zu sein. Wenn ich dich nicht körperlich spüren kann, meine ich nicht, dich wirklich bei mir zu haben.« Er erstaunt und sagt näherrückend: »Gut, dass du das sagst. Ich wusste das nicht. Wenn ich ab jetzt abends nach Hause komme, werden wir uns erst einmal zusammensetzen und anfassen. Und anschließend werde ich mich dann der Zeitung widmen?« Sie erleichtert: »Ja, das fühlt sich gut für mich an. So machen wir es.«

Wertschätzung

Die Gehirnforschung kam zu dem Schluss, dass das Wachstum des Gehirns des frühen Menschen zum Homo sapiens - auf dessen Entwicklungsstufe Sie und ich uns momentan befinden - durch Beziehungen zu vielen Menschen beschleunigt wurde. Mit dem wachsenden Gehirn wurden kollektive Erinnerungen weitergegeben.

Erinnerungen entstehen durch viele Verknüpfungen von Gehirnzellen mit anderen Gehirnzellen. So durch oft und öfter vollzogene Handlungen und gemachte Gedanken. Ein Gedanke hat sich besonders gut durch die Äonen der Menschheit gefestigt: der des Beherrschens.

Er ist der Initialgedanke, der schmeichelt, bestraft, manipuliert, verbündet, ablehnt, kämpft, sympathisiert - das gesamte Repertoire zwischenmenschlichen Verhaltens, der Kommunikation mit Worten, aber auch Gesten, Haltungen, Mimik. Diese machen 90 Prozent der Kommunikation aus. Der Initialgedanke ist ein sehr, sehr alter

Gedanke, der offensichtlich mit jeder Neuerschaffung eines Gehirns mitgeliefert wird.

Was unsere Beziehungen und Begegnungen mit den anderen immer noch und immer wieder prägt, ist dieser unbewusste Gedanke. So werden aus Beziehungen Beherrschungsspiele.
Um das zu beenden, müssten wir durch Einsicht einen neuen Gedanken installieren:
den des Wertschätzens und Anerkennens.
Oder den der Gemeinsamkeit und des Teilens.

> Überlegen Sie:
> Wen können Sie vorbehaltlos wertschätzen?
> Wie vielen Menschen erlauben Sie ihre freie Entfaltung so, wie sie im Moment sind, was sie im Moment tun?

Falls es Ihnen schwerfällt, jemanden zu finden:
Alle tun ihr Bestes. Das, was ihnen bis hier und heute möglich war, um glücklich zu werden.

Aufmerksamkeits- und Anerkennungssucht

Zwölf Menschen im Raum. Abschlussbesprechung einer Projektarbeit. Andreas kommt auch noch, etwas verspätet. »Entschuldigt, aber ich hatte noch ein wichtiges Gespräch.« Die Besprechung beginnt. Jeder stellt seinen Beitrag vor. Andreas hat immer wieder Fragen zu den Beiträgen, weil er es genauer verstanden haben will. Der Eindruck entsteht, er verstünde es erst nach der zweiten oder dritten Erklärung. Dann fügt er noch seine Sichtweise bei, wie es auch hätte dargestellt werden können. »Also, ich würde da noch dazu sagen, dass die Ergebnisse noch nicht sicher sind.« Zwischendurch muss er das Fenster öffnen, weil er frische Luft braucht.

Strategien, ständig und viel Aufmerksamkeit zu erhalten, machen Beziehungen anstrengend. Sie sind anstrengend für den, der die Aufmerksamkeit auf sich ziehen muss, und den anderen, dem sie entzogen wird. Die Strategien sind oftmals erfolgreich um den Preis von Spannungen zwischen den Beteiligten, von Unterbrechungen von ansonsten lockeren Unterhaltungen und von Störungen von Besprechungen.

Sie kennen die Mitmenschen,
- die nach Aufmerksamkeit lechzen,
- die sich ständig einbringen müssen,
- die immer etwas Wichtiges zu sagen haben,
- die immer irgendwelche Leiden erfahren,
- die sich immer zurückziehen und nicht mitmachen,
- die grundsätzlich gegen etwas oder alles eingestellt sind?

Die Beziehungen beruhen nicht auf der Wahrheit, sondern auf einer Show. Das Image spielt auf einer Bühne ein aufzehrendes Spiel, das viel Lebensenergie verbraucht.

Der Hunger der Aufmerksamkeitssüchtigen wird nur vorübergehend, aber nie gänzlich gestillt. Zu tief sitzt die verborgene Überzeugung, dass es nicht genug gibt oder sich keiner um sie kümmert.

Wenn Maria anruft, erkundigt sie sich bei ihren Freunden erst einmal, wie es ihnen geht. Die Gefühlslagen werden ausführlich besprochen und es wird hinterfragt, was dazu geführt hat. Und sie hat das auch alles schon einmal erlebt und kennt jemanden, der auch so fühlt. Aber bis wir dazu kommen, was ich, der Freund, eigentlich wissen wollte, vergehen noch einige Sätze über die Arbeit, das Wetter und die Gesundheit.
Neulich hatte ich sie angerufen. Nachdem das Updaten der Zustände erfüllt war, kam ich zu dem, was ich wollte. Fast hätte ich es vergessen.
»Ach, was ich eigentlich wissen wollte, wie ist deine Postleitzahl? Ich wollte dir das Buch, von dem wir gestern sprachen, schicken.« »Das ist aber ganz lieb. Das wäre doch nicht nötig. Ich kann es mir aber auch selbst besorgen, das kostet dich doch Porto. Also schicke es wirklich nur, wenn du es wirklich nicht mehr brauchst.«

Dabei bedienen sich Männer und Frauen verschiedener Strategien. Hier bekommen Sie nun einige angeboten.
Sie werden sie sofort wiedererkennen, vielleicht bei Ihrem Partner, Ihren Arbeitskollegen, Freunden, bei Personen des öffentlichen Lebens.
Und vielleicht erkennen Sie auch Ihre beste Strategie.

Männer:	Frauen:
besser	netter
schneller	attraktiver
stärker	erotischer
schlauer	klüger/dümmer

(Dümmer? Dümmer hat den Vorteil, nicht alles tun zu müssen, was getan werden muss. Strategische Dummheit befreit von Verantwortung.)

Hinter allen Strategien, Aufmerksamkeit zu erhalten, steht die Sehnsucht, mindestens anerkannt und bestenfalls geliebt zu werden. In einer Kultur oder Gesellschaft, die Liebe nur als Surrogate kennt, die nie satt machen, ist es aus dieser Sicht verständlich, dass die Aufmerksamkeitssucht kollektiv akzeptiert und sogar honoriert wird. Was könnte nun geschehen, wenn die Aufmerksamkeit nicht gegeben wird? Da ist eine Angst, verlassen zu sein, allein gelassen zu sein.

Eine kleine Welle erhob sich aus dem Meer, dem Ozean. Da sie sich erhob, konnte sie die anderen Wellen sehen. Sie meinte, etwas Besonderes zu sein: Ich bin groß, ich bin größer als die anderen, so kräftig, so wohlgeformt, so schön. Da begannen ihre Probleme: Wenn sie nun zusammenfiele!
Nebenan war eine andere Welle, sie erhob sich nicht so hoch und sah zu den anderen hinauf. Sie meinte, etwas Besonderes zu sein: Ich bin klein, ich bin kleiner als die anderen, so flach, so kraftlos, so unbedeutend.

Da begannen ihre Probleme: Wenn sie nun von den anderen erdrückt würde!
Und dann fielen sie beide zusammen. Plop. ❞

Es kann für Sie befreiend sein, die wahren Hintergründe zu sehen, wenn der andere seine Strategien anwendet, die bei Ihnen vielleicht oft ein befremdliches Gefühl hinterlassen haben. Sie mögen sich manipuliert oder benutzt gefühlt haben.
Diese Angst des Alleingelassenwerdens ist auch die Ursache von Anklammern, Besitzanspruch, Eifersucht, Ärger, Wut oder Traurigkeit. Sie tritt auf, wenn (scheinbare) Anzeichen von Verlust wahrgenommen werden. Kontrolle ist die häufigste Gegenwehr. Kontrolle von Kollegen, Freunden, Bekannten, Partnern.

Tatsächlich sind Sie aber immer allein, ist jeder andere immer allein. Sie sind zusammen, aber Sie bleiben allein. Sie sind allein geboren, sie werden allein sterben. Menschen umgeben Sie, aber keiner wird jemals mit Ihnen verschmelzen, mit Ihnen eins sein und Sie vom Alleinsein oder Verlassensein erlösen, wenn es als Bedrohung empfunden wird. Alleinsein ist ohne Angst, Einsamkeit ist mit Angst.

Selbst ein Hund kennt Strategien und wendet sie erfolgreich an, um Aufmerksamkeit zu erhalten. Seine Lebenspartnerin sitzt auf dem Sofa und führt mit einem Menschen ein längeres Gespräch. Tee wird getrunken. Der Hund beginnt zunächst mit lautem und häufigem Gähnen. Kleine Gesprächsunterbrechung. Blicke zum Tier.

Dann wird sich auf die Füße von Frauchen gelegt. Kleine Gesprächsunterbrechung. Eine Hand tätschelt das Tier. Dann wird aufgestanden, sich geschüttelt. Kleine Gesprächsunterbrechung. Blicke zum Tier. Dann starrt der Hund die beiden Menschen an, dabei wird noch mal gegähnt, jetzt mit anschließendem leisem Winseln. Kleine Gesprächsunterbrechung. Blicke zum Tier. Und schließlich, als alles nicht hilft, der Sprung aufs Sofa, genau zwischen beide Menschen.
Das Gespräch ist komplett unterbrochen, es wird über den Hund gesprochen, er wird gestreichelt. Geschafft!

Die einzige Möglichkeit, sich der Strategien zu entledigen liegt darin, die Überzeugung, Sie würden verlassen oder allein gelassen werden, als eine Annahme zu entlarven. Eine lange gehegte Befürchtung, die nicht der Wirklichkeit entspricht. Die Täuschung kann nur aufgehoben werden, wenn Sie sich dem Alleinsein stellen. Sie können durch den Gegenbeweis, dass Ihr Alleinsein nicht zum Tode führt, diese Angst auflösen. Damit lösen sich auch alle anderen Ängste auf.
Ohne die Aufmerksamkeitsstrategien können Sie Ihre Begegnungen und Beziehungen auf eine leichte und offene Weise erleben, die jenseits von Kontrolle und Manipulation sind.

Alleinsein und Verbundensein
sind wie die Gezeiten im Meer deines Herzens,
getrennte Ströme, die hinein- und hinausfließen.

M. C. Richards

Verallgemeinerung

Wie wohltuend ist es für beide Beteiligten, wenn sich die Personen nicht durch Verallgemeinerungen ausdrücken. Sie kennen dies:

»Ich würde ja gerne, aber ...«
»Ich hätte es getan, aber ...«
»Eigentlich wollte ich es ja, aber ich wusste nicht, was daraus entstehen würde.«
»Das hätten Sie mir sagen müssen.«
»Hätten wir früher angerufen, würde ...«
»Wir müssten einmal die Verträge genau lesen.«
»Was täte das zur Sache, wenn ich mich auch noch dazu äußere?«
»Wir könnten es einmal anders probieren.«
»Ich sollte ihn mal darauf ansprechen.«

Der Sprecher gibt keine präzisen Informationen, was er wollte oder will. Damit kommen Sie zu keinem Bild. Diese Unklarheit zieht sich dann durch das gesamte Gespräch. Möglicherweise benutzen Sie dann auch diese verschleiernden Begriffe - schon bewegen Sie sich beide in einer Schleife von unsicheren Standpunkten. Keiner möchte eine klare Aussage machen, keiner nimmt einen Standpunkt ein.

Welche Wohltat, wenn sich zwei Menschen mit klaren Standpunkten begegnen. Die können durchaus verschieden sein. Die können auch aufgegeben oder verändert werden, doch ohne einen Standpunkt wissen Sie nicht, mit wem Sie es zu tun haben. Aus Sorge, dass durch die Meinung Ihr Fremdbild, Ihr Ansehen beschädigt werden und unangenehme Folgen entstehen könnten (hier wieder dieses Wort!), werden entschuldigende, vermutende, in Aussicht stellende Konstruktionen gebildet.

Angst, Furcht, Sorge vor den Folgen von Standpunkten oder Meinungen können keine ehrliche Beziehung bilden, da sie Ihr und des anderen Potenzial blockieren. Keine Meinung, kein Standpunkt ist wertvoller, besser, richtiger als ein anderer. Erst die Wertung macht sie dazu. Viele Wertungen von Standpunkten sind reine Macht- und Kontrollspiele. Wenn Sie einen anderen auf Grund seiner Standpunkte abwerten, abqualifizieren, kritisieren, zerpflücken, werden Sie größer, herrlicher, mächtiger. Das deutet auf versteckte Schwächen oder Selbstzweifel hin, die nicht aufgedeckt werden sollen:

»Ich erhebe mich über dich und du musst mich dafür anerkennen! Dafür bist du jetzt in meiner Hand, weil es in meiner Macht liegt, wie groß du werden kannst.«

Erheben Sie die Standpunkte des Partners, begeben Sie sich in die Position des Anbetenden, Verherrlichenden, Aufschauenden, Unterworfenen. Auch ein Macht- und Kontrollspiel. Der Erhobene, der Große, Mächtige. Seine Macht hat er aber durch Sie! Sie können sie jederzeit zurücknehmen. Das ist auch Macht durch Kontrolle:

»Ich übernehme deine Meinung und du musst mich dafür anerkennen! Dafür bist du jetzt in meiner Hand, weil ich dich jederzeit stürzen kann.«

Sich selbst herausnehmend und die wirkliche Meinung vermeidend, können Sie auch zum »man« greifen. Das lautet dann so:

»Man denkt doch so!»
»So etwas macht man nicht!«
»Man braucht eben Sicherheit.«
»Man stelle sich einmal vor ... «

Auch hier sind Wischiwaschi-Standpunkte geboten, werden eigene Meinungen und Bedürfnisse nicht klar dargestellt. Gerade die Verschleierung von Bedürfnissen führt dann zu Konflikten, wie bereits im Kapitel über Konflikte beschrieben wurde.

Auf dem Weg, die Beziehung lebendig, konstruktiv und ehrlich zu gestalten, sind die Meinungsverstecke aufzugeben und sich der Unsicherheit der Folgen zu stellen. Das ist Verantwortung übernehmen. Mit Unverantwortlichen können Sie weder eine authentische, kreative Beziehung eingehen noch eine Brücke bauen oder ein Feld bestellen. Sie lauern auf die Gelegenheit, die sie nutzen werden, sich auszuklinken, zurückzuziehen, abzubrechen.

Echte Verantwortung für eine Beziehung - deren Inhalt, Verlauf, Ergebnisse - ist ein spannender Wachstumsprozess. Sie sind zwar beide oder alle verantwortlich, aber für Ihren Teil oder Beitrag sind nur Sie verantwortlich. Sie sind Ihrer Wahrheit verantwortlich, die nur Sie in die Beziehung bringen können. Selbst die kürzeste und flüchtigste Begegnung kann eine Entfaltung Ihrer Wahrheit oder Täuschung sein.

Die Flucht vor der Verantwortung begann bei allen Menschen sehr früh. Ihr Gegenstück ist die Unterwerfung unter einen anderen oder eine Gruppe. Meistens hatten wir keine andere Chance, als uns den Elternstandpunkten und -meinungen anzuschließen bzw. uns zu unterwerfen. Es ist eine Beziehungsfalle, denn das Kind denkt: »Ich denke so, wie ihr denkt, ich werde so, wie ihr mich haben wollt, damit ihr euch um mich kümmert. Aber dadurch habe ich euch in der Hand, weil ich damit eure Fürsorge erzwinge.«

Werden Sie wieder selbstverantwortlich, können Ihre Beziehungen eine völlig neue Qualität bekommen. Ganz egoistisch gesehen, für Sie, die Sie Ihre Wahrheit leben.

Persönliche Untersuchung und Tests

Test Kindheitsgeschichte

In welcher Person finden Sie sich am ehesten wieder?

PERSON 1

Als Erwachsener können Sie sowohl das Negative als auch Positive Ihrer Kindheit berichten, leicht und flüssig darüber sprechen mit einer positiven Selbstbewertung?

Ja ❍ Nein ❍

PERSON 2

Als Erwachsener können Sie sich an das Verhalten Ihrer Eltern kaum oder gar nicht erinnern? Sie wissen nicht wirklich, wie Ihre Eltern waren, sich

Ihnen gegenüber verhalten haben? Sind Ihre Beschreibungen distanziert wie: »Die haben gesagt oder die haben getan oder ich glaube, die waren oder wahrscheinlich war die Mutter ...« ?

Ja ❍ Nein ❍

PERSON 3

Sie können sehr detailliert über Ihre Kindheit erzählen, aber verwirrt und verschachtelt? Wut, Hass, Sehnsucht und Enttäuschung prägen Ihre Schilderungen? Sie hadern immer noch mit den Bezugspersonen oder werten sie ab oder kritisieren stark deren damaliges Verhalten?

Ja ❍ Nein ❍

PERSON 4

Sind Ihre Kindheitsbeschreibungen verwirrte und durcheinandergebrachte traumatische Ereignisse? Ist Ihre Sprache meistens nicht angemessen dem Erzählten? Zu schnell, zu langsam, zu schrill, zu monoton?

Ja ❍ Nein ❍

Auflösung Kindheitsgeschichte

Zu Person 1

Sie haben offensichtlich eine Kindheit als sicheres Kind erlebt, mit einer stabilen, vertrauensvollen Bindung. Dadurch, dass die sensiblen Bezugspersonen für Sie ein Ort der Verlässlichkeit und Sicherheit waren. Sie konnten den Ort verlassen und sofort bei vermeintlicher oder tatsächlicher Gefahr und Unwohlsein zurückkommen.
Angst, Panik, Unwohlsein konnten beruhigt werden durch Besänftigen und »Halten« der Bezugspersonen.

Zu Person 2

Sie haben sehr wahrscheinlich eine Kindheit als unsicher-distanziertes Kind erlebt. Sie zeigten nicht mehr Ihre Angst, Ihren psychischen Schmerz oder Unwohlsein, Ihr wirkliches Befinden. Sie distanzierten sich von sich selbst. Alles schien nach außen in Ordnung, doch unter der Oberfläche herrschte bei Ihnen Stress, den sie gut kontrollierten.

Zu Person 3

Sie haben mit hoher Sicherheit eine Kindheit als unsicher-ambivalentes Kind erlebt. Sie hatten eine Angstbindung und wussten nie genau, woran Sie mit den Bezugspersonen waren. Die Situationen wechselten ab, wo Sie geliebt und wo Sie ignoriert wurden. Es bestand die Angst, »vergessen« zu werden. Durch Schreien und Klammern sollte eine Trennung vermieden werden. Sie waren jedoch kaum zu beruhigen. Erhielten Sie dann Zuwendung, reagierten Sie mit Aggression und Abwehr.

Zu Person 4

Sie haben sehr wahrscheinlich eine Kindheit als desorganisiert-traumatisiertes Kind erfahren. Sie reagierten bei Konflikt mit stereotypischen Verhalten wie Unterbrechen der Bewegung, Erstarren bis Luftanhalten. Belastungen erschienen Ihnen als so überwältigend, dass Sie sich völlig überfordert fühlten und jegliche Sicherheit vermissten. Ihre Beziehungen müssten schwierig sein, sofern Sie solche eingehen.

Erläuterung Test Kindheit

In den drei ersten Lebensjahren entscheidet sich oft, wie die Beziehungsfähigkeit des Erwachsenen sein wird. Positive oder negative Bindungserfahrungen prägen das spätere Verhalten und Erleben. Positive Bindungserfahrungen bilden die Grundlage psychischer Sicherheit, die wiederum der Schlüssel zu Gesundheit und Lebensglück sind. Bindungen durch Zuneigung einzugehen ist ein biologisches Grundbedürfnis des Kindes, von Anfang an. Daraus entsteht die psychische Sicherheit.

Psychische Sicherheit oder Stabilität ist, wenn jemand nicht schnell gestresst wird, sich nicht entmutigen lässt, nicht resigniert und Widersprüche bei anderen nicht ausblendet. Wer diese Sicherheit nicht hat, hat es in Beziehungen schwer. Beziehungen sind Bindungen. Die Bezugspersonen (Mutter, Vater, betreuende Personen) des Kindes bestimmen diese emotional-seelische Qualität. Wie die Bezugspersonen auf das Bedürfnis reagieren, kann verschiedenartig sein:

- Sensibel im Sinne von angemessen, sofort, erfüllend, respektvoll.
- Unsensibel im Sinne von nicht, nie, nicht anerkennend oder gegenteilig zu viel, zu oft, unaufgefodert - die Autonomic des Kindes nicht respektierend.

Test Psychosozialer Stress

1) Fühlen Sie sich in sozialen Situationen, in denen Sie beobachtet, von anderen beurteilt werden oder im Mittelpunkt der Aufmerksamkeit stehen könnten, ängstlich, nervös oder sehr aufgeregt?

Ja ❍ Nein ❍

2) Machen Sie sich übertriebene Sorgen, dass Sie etwas tun oder sagen könnten, das Ihnen peinlich sein oder Sie vor anderen demütigen könnte, oder dass andere schlecht von Ihnen denken könnten?

Ja ❍ Nein ❍

3) Fällt es Ihnen z. B. übermäßig schwer oder sind Sie nicht in der Lage, in der Öffentlichkeit/vor einer Gruppe zu sprechen; haben Sie Schwierigkeiten, im Beisein anderer zu essen; sind Sie nicht in der Lage, in öffentlichen Toiletten zu urinieren; befürchten Sie, dass Ihre

Hände im Beisein anderer z. B. beim Schreiben oder Kaffeetrinken zittern könnten oder haben Sie Angst zu erröten?

Ja ❍ Nein ❍

4) Werden Sie durch diese Angst in Ihrem Leben, Ihrer Arbeit oder Ausbildung oder bei sonstigen Aktivitäten beeinträchtigt?

Ja ❍ Nein ❍

Auflösung zu Psychosozialer Stress

Falls Sie alle vier Fragen mit JA beantwortet haben, ist die Wahrscheinlichkeit groß, dass Sie unter einer sozialen Phobie leiden. Eine soziale Phobie erschwert es natürlich, Beziehungen einzugehen und zu halten. Diese Phobie können Sie mit geeigneten Methoden auflösen bzw. auflösen lassen. Hilfe von außen ist hier wichtig, da es unwahrscheinlich ist, dass Sie die Ursache selbst auflösen können.

Test Kommunikationsmuster

Sie kennen von sich oder Ihnen wurde überwiegend mitgeteilt, Ihre Kommunikation wäre ...?

PERSON 1

Worte: Vernünftig, erklärend, rechtfertigend – es geht immer um Richtig und Falsch. Alles kann erklärt werden, es klingt intelligent und akademisch und das Gegenüber muss intelligent sein.

Stimme: Monoton.

PERSON 2

Worte: Ohne Beziehung zum Thema, Spaßgerede, ausweichend, irritierend häufiger Thema-und Akzentwechsel, im Extremfall ergeben Worte keinen Sinn, Vermeidung von allem Konkretem.

Stimme: Wechselhaft, überschlagend, schrill.

PERSON 3

Worte: Nicht (nie) zustimmend *(»Du machst nie etwas richtig, das ist schon wieder falsch, wirst du denn nie einsehen, was ist nur mit dir los, alles ist deine Schuld ...«)*, fordernd, diktatorisch, überlegen, beschuldigend, unterbrechend. Oft Verallgemeinerungen: Immer, nie, alle, jeder, keiner, jedes Mal, im Allgemeinen. Häufig negative Fragen: »Warum machen Sie nicht ... ? Woher kommt es, daß Sie ... nicht können?«

Stimme: Oft schrill, laut, hart, fest.

PERSON 4

Worte: Zustimmend, entschuldigend, flehend, beruhigend, wohlwollend, nie fordernd. *(»Entscheide du, was immer du willst, ist in Ordnung, alles ist meine Schuld, ich bin nichts ohne dich – ich bin nur hier, um dich glücklich zu machen.«)* Häufiger Gebrauch von: wenn, nur, ganz, gerade (Einschränkungen) – könnte, hätte, wäre, würde, täte (Konjunktive).

PERSON 4

Stimme: Leise, weinerlich, vorsichtig, gedrückt.

PERSON 5

Worte: Authentisch, ehrlich, direkt. Mimik, Gestik, Körperhaltung entsprechend den Gefühlen.

Stimme: Klar, harmonisch, schwingend.

Auflösung zu Kommunikationsmuster

PERSON 1

Rationalisierer: die distanzierte Sachlichkeit

Selbsterleben: Angst vor Erregung und Gefühlen. Große Angst vor Verlust von Kontrolle und Ausgeliefertsein.

ICH FÜHLE MICH VERLETZLICH UND ISOLIERT. ICH KANN KEINE GEFÜHLE ZEIGEN.

PERSON 2

Ablenker: die irrevelante, ausweichende Haltung

Selbsterleben: Sehnsucht nach Kontakt und gleichzeitig große Angst vor Kontakt und Nähe (ähnlich Borderliner), Erleben von Einsamkeit und Sinnlosigkeit, extreme Angst vor Gefühlen, Orientierungslosigkeit.

NIEMAND KÜMMERT SICH UM MICH. ES GIBT KEINEN PLATZ FÜR MICH.

PERSON 3

Ankläger: die beschuldigende, fordernde und anklagende Haltung

Selbsterleben: ungeduldiger Wunsch, anerkannt zu werden. Je mehr Ärger und Misserfolg, desto mehr Verlangen. Ständiges Warten auf Angriff und/oder darauf zu unterliegen. Fühlt sich nicht gehört, nicht anerkannt, verstanden, ungerecht behandelt, wertlos, einsam und erlebt einen tiefen Schmerz. Das verstärkt das starke Misstrauen in sich selbst, gleichzeitig wird das Erkennen der Schwäche total gefürchtet. Angriff ist die beste Selbstverteidigung.

ICH BIN EINSAM UND ERFOLGLOS.

PERSON 4

Beschwichtiger: die versöhnliche, besänftigende, nachgebende Haltung

Selbsterleben: Gefühl der Hilf- und Wertlosigkeit als Grundprägung, dann auch noch des Ausgeliefert- und Beladenseins. Versucht, sich nützlich zu fühlen, indem etwas für andere getan oder gelebt wird. Fürchtet, lästig zu werden, Fehler zu machen, im Wege zu sein, Ärger zu verursachen und deswegen abgelehnt oder verlassen zu werden. Fürchtet, ohne jemand zu sein, denn dann ist man ein Nichts.

ICH FÜHLE MICH WIE EIN NICHTS UND BIN WERTLOS.

PERSON 5

Authentischer: die authentische Haltung

Selbsterleben: Harmonie, Gleichgewicht, Integrität, Ganzsein.

ICH FÜHLE MICH WOHL MIT MIR UND MEINER WAHRHEIT.

Wenn Sie sich in einer Situation wiedererkennen und diese auflösen oder verändern möchten, gibt es im folgenden Kapitel Lösungsmöglichkeiten.

Erläuterung Test Kommunikationsmuster

Im Laufe der Entwicklung zum Erwachsenen lernt jeder Mensch oder eignet sich von anderen »Vorbildern« Strategien oder Muster für die Kommunikation in Beziehungen an. Da Kommunikation Beziehung ist, wird diese dadurch für alle Partner leicht, belebend, förderlich (das können die sozialen »Stars« und daran erfreuen sich ihre Beziehungspartner) oder schwierig, kompliziert, blockierend (das erleben emotional und kommunikativ »Inkompetente« und darunter leiden ihre Beziehungspartner).

Die Beziehungs- und Kommunikationsmuster wirken aus dem Unterbewusstsein. D. h., unbewusste Vermeidungsstrategien diktieren Ihnen einen Umgang mit Menschen, der es schier unmöglich macht, mit einem anderen angemessen, natürlich und authentisch zu kommunizieren. Daraus entstehen Konflikte. Und wenn Sie die Konflikte lösen wollen, wird dies auf die gleiche Weise selten oder gar unmöglich sein. Nach der Devise »Wasch mich, aber mach mich nicht nass« wollen wir etwas erreichen, aber dafür unsere Position nicht aufgeben.

Test Beziehungsfähigkeit

Stellen Sie sich einige Ihrer häufigsten Beziehungen vor. Kreuzen Sie an, was bei diesen Beziehungen gegeben ist.

Beziehung braucht ...

- ❍ Anerkennung und Wertschätzung (du bist gut, wie du bist)
- ❍ Kommunikation – auch nonverbal (verstehst du meine Signale?)
- ❍ Sicherstellen des Gehörtwerdens (kannst du mir jetzt zuhören?)
- ❍ Sicherstellen des Verstandenseins (was hast du verstanden?)
- ❍ Nachfragen (was meinst du damit?)
- ❍ Raum geben (ich muss mal allein sein)
- ❍ Zeit lassen (nicht alles muss sofort gemacht und gesagt werden)
- ❍ Authentisch sein (so bin, denke, fühle ich jetzt)

- ❍ Zuhören (keine gleichzeitigen Urteile und Argumente im Hintergrund)
- ❍ Grenzen überschreiten (für Überraschungen und Neues offen sein)
- ❍ Aufmerksamkeit (ich bin ganz bei dir)
- ❍ Fehler erlauben (wie sollen wir uns sonst weiterentwickeln?)
- ❍ Regeln einhalten (wer macht was und wie?)
- ❍ Kompetenzbereiche anerkennen (in dem Bereich bist du die Eins)
- ❍ Bereitschaft zu einem Ja (egal was geschieht)
- ❍ Bedürfnisse äußern (was ich möchte, brauche)
- ❍ Bedürfnisse anerkennen (das ist dein Bedürfnis und so ist es)
- ❍ Einverständnis abfragen (bist du bereit?)
- ❍ Sachverhalte, Konflikte, Missstände direkt ansprechen (keine Schuldzuweisungen)
- ❍ Verzeihen (dem anderen und auch sich selbst)
- ❍ Humor (nicht zu sparsam damit sein, löst und befreit)

Auflösung zu Beziehungsfähigkeit

Sollten Sie feststellen, dass Sie mindestens die Hälfte der Voraussetzungen nicht erfüllen oder gar nicht wissen, was damit gemeint ist, dürften Ihre Beziehungen zu Ihren Mitmenschen wenig erfüllend und belebend für Sie und die anderen sein.
Wenn Sie sich mit Menschen umgeben, die ebenso wenig Beziehungsfähigkeiten aufweisen, wird sich das nicht als Mangel zeigen, sondern als Oberflächlichkeit und Langeweile. Wenn alle so sind und reden, dann ist es nicht zwangläufig das Beste.

Wenn Sie diese Situation ändern möchten, können Sie im folgenden Kapitel Lösungsmöglichkeiten finden.

Test Partnerschaft

Können Sie allein sein?

Ja ❍ Nein ❍

Dürfen Sie auch mit anderen Menschen/Freunden/Bekannten ohne Partner sein?

Ja ❍ Nein ❍

Sind Sie verantwortlich für Ihren Partner?

Ja ❍ Nein ❍

Ist jeder verantwortlich, wie eine Beziehung ist?

Ja ❍ Nein ❍

Können Sie sich in Ihrer Beziehung bezüglich Ihrer Bedürfnisse durchsetzen?

Ja ❍ Nein ❍

Ist Ihnen Freiheit wichtiger als Liebe?

Ja ❍ Nein ❍

Können Sie offen und spontan mit Ihrem Partner reden?

Ja ❍ Nein ❍

Hat einer von beiden Schuld, wenn die Beziehung nicht klappt?

Ja ❍ Nein ❍

Unterstützen Sie sich gegenseitig in der Partnerschaft?

Ja ❍ Nein ❍

Werden Sie für das, was Sie leisten, von Ihrem Partner anerkannt?

Ja ❍ Nein ❍

Haben Sie im letzten Monat etwas völlig Neues in Ihrer Beziehung gemacht?

Ja ❍ Nein ❍

Lieben Sie eher das Risiko oder halten Sie lieber am Alten fest, das so verlässlich ist?

Ja ❍ Nein ❍

Haben Sie in der letzten Woche mit Ihrem Partner lauthals gelacht?

Ja ❍ Nein ❍

Zeigt Ihnen Ihr Partner, dass Sie wertvoll sind?

Ja ❍ Nein ❍

Können Sie von sich gegenseitig etwas annehmen – nicht nur materielle Geschenke, sondern auch Hinweise auf Ihr Verhalten und Denken?

Ja ❍ Nein ❍

Können Sie auch ohne diesen Partner zufrieden leben?

Ja ❍ Nein ❍

Hilft Ihnen Ihr Partner, wenn Sie Probleme in der Partnerschaft haben?

Ja ❍ Nein ❍

Ist Ihr Partner Ihr bester Freund?

Ja ❍ Nein ❍

Haben Sie unbedingtes Vertrauen in Ihren Partner?

Ja ❍ Nein ❍

Haben Sie unbedingtes Vertrauen in sich selbst und Ihre Partnerschaft?

Ja ❍ Nein ❍

Können Sie Ihrem Partner alles sagen?

Ja ❍ Nein ❍

Können Sie uneingeschränkt denken und dies äußern?

Ja ❍ Nein ❍

Können Sie Ihren schöpferischen Ambitionen freien Lauf lassen?

Ja ❍ Nein ❍

Hilft Ihnen Ihr Partner, wenn es Ihnen schlecht geht?

Ja ❍ Nein ❍

Auflösung zu Partnerschaft

Spüren Sie selbst, wie Sie sich damit fühlen, wenn Sie weniger als die Hälfte JA auf der vorigen Seite sehen. Denken Sie nicht darüber nach, spüren Sie es. Indem Sie die Luft anhalten oder sich tot stellen und es ignorieren, ändert es sich nicht. Wenn Sie die Situation verändern möchten für sich selbst und Ihren jetzigen oder zukünftigen Partner und ein nachahmenswertes Beispiel für eine kommende Generation sein möchten, können Sie aktiv werden.
Möglichkeiten bieten sich im folgenden Kapitel an.

Und was ist mit der Liebe?

Der oder die andere ist ein Spiegel Ihrer Liebe.
Die anderen sind Reflexion oder Auslöser.
Die Quelle, die Liebe selbst, sind Sie.

Empfehlungen für eine lebendige Beziehung

Bis hier haben Sie eine Fülle von Fallen und Schlingen in Beziehungen kennen gelernt. Die Untersuchung ist abgeschlossen. Dabei wurden bereits Verbesserungsvorschläge gemacht, wie der Prozess der Beziehung lebendiger und kreativer gestaltet werden kann, damit beide Seiten durch die Begegnung gewinnen.
Gewinnen im Sinne von *etwas erhalten* und nicht *etwas verloren* zu haben. Erhalten im Sinne von *bekommen, sich erhalten, zu sich stehen* als Gegenteil *von etwas verloren, sich verlieren, sich aufgegeben*. Der denglische Begriff lautet Win-Win-Situation.

Die Möglichkeiten einer stagnierenden, konfliktreichen, lähmenden oder begrenzenden Beziehung (Verlierer-Verlierer-Situation) sind vielfältig. Vielleicht zu vielfältig, um sich ihrer ständig zu erinnern. Sie mögen denken, dass Sie das nie schaffen, dass zu viel zu beachten ist.

Für mich selbst war es ein völlig unbekanntes Terrain, auf das ich mich bei der Untersuchung vor vielen Jahren begab. Ich musste es tun, weil ich erfuhr, dass viele meiner Beziehungen und Begegnungen einen Verlauf nahmen, den ich nicht beabsichtigt hatte. Doch, ein Teil von mir

hatte ihn beabsichtigt. Das war der Teil, der sich verteidigen musste, weil er sich angegriffen glaubte. Zynismus, Sarkasmus, schnelle Auffassungsgabe und schnelle Reaktion waren die Mittel, mit denen ich meine Mitmenschen dominierte.
Am Arbeitsplatz litt ich unter der Zerrissenheit der Ehrlichkeit und Anpassung, Rebellion und Verletzbarkeit. Schrittweise habe ich die störenden Methoden abgelegt. Es ging, es geht, es geht immer weiter. Es wird auch Ihnen gelingen.

Was sind nun die wesentlichen Merkmale für eine Win-Win-Beziehung? In diesem Kapitel wird darauf eingegangen. Es sind Therapievorschläge oder Heilmaßnahmen, die Sie beherzigen können. Ein Schritt zur Vereinfachung des bisher Gesagten, zur Vereinfachung Ihrer Beziehungen.

Unser Leben wird durch Details sowieso vertrödelt.
Darum: Vereinfache, vereinfache!

Henry David Thoreau

Die Möglichkeiten für eine lebhafte Beziehung bauen auf inneren Werten auf, die ganz spezielle Verhalten erzeugen. Werden Sie von beiden oder allen Beteiligten in Beziehungen als erfolgreich anerkannt und angewendet, ergeben sich ungeahnte Möglichkeiten, wie sich die Beziehungen entwickeln. Mit Sicherheit in Richtung Wahrheit und Lebendigkeit.

Ehrlichkeit

Offenbaren Sie das, was Sie denken und fühlen. Befreiende Ehrlichkeit auch bei Fehlern, die Sie bei sich erkannt haben. Rationalisieren der Fehler (»Weil du ...« »Die Umstände waren eben so ...«) ist nutzlos. Benennen Sie andererseits das, was Sie stört, hemmt, verletzt, ohne Schuld zuzuweisen. Das Benennen befreit die Gedanken und Gefühle aus dem inneren Gefängnis und zeigt dem anderen die Wirkung seiner Worte und seines Verhaltens. Er mag diese nicht kennen und sich über Ihren Rückzug wundern.

Vertrauen

Vertrauen in Sie und den anderen. Vertrauen Sie Ihrer Kraft und Kreativität und in die des anderen, jegliche Situation zu lösen oder ins Gleichgewicht zu bringen. Sehen Sie in dem anderen den Menschen mit seinem Potenzial, das er sein kann und momentan noch nicht ist. Sehen Sie das auch in sich: Sie sind das Potenzial, das sich jetzt verwirklicht (Kraft, Stärke, Kreativität, Geduld, Verlässlichkeit, Mitgefühl ...).
Vertrauen Sie auf Ihre Intuition, die Sie das Angemessene tun lässt, auch wenn es momentan noch nicht genau zeigt, wohin Ihre Handlungen führen werden. Wie oft haben Sie erfahren, dass Sie einmal einen ungewöhnlichen Schritt getan haben, der sich später als der Ausgangspunkt einer erfreulichen Veränderung herausgestellt hat.

Raum

Erlauben Sie sich und dem anderen den zeitlichen und örtlichen Raum zur Entfaltung. Wir haben uns damit bereits beschäftigt. Lassen Sie sich und dem anderen die Zeit und den Platz, wo Klärung, Heilung und Entschluss reifen können - seien es Minuten, Stunden, Tage oder Wochen.

Offenheit

Lassen Sie Begegnungen sich ohne Erwartungen, Bedingungen, Voraussetzungen entfalten. Ohne vergangene Bilder, wie Sie oder der andere zu sein haben, wie die Begegnung ablaufen soll, welche Reaktionen sein werden, welche Gedanken und Gefühle sich einstellen sollen oder überhaupt nicht entstehen sollen.

Authentizität

Sie sagen weit mehr über sich aus, wenn Sie sprechen, als nur Ihre Worte. Ihre Stärke, Schwäche, Klarheit, Verwirrung, Verletzung, Ärger, Wut, Angst sind offensichtlich und können durch noch so geschicktes Verschleiern nicht verborgen gehalten werden. Stehen Sie zu den momentanen Befindlichkeiten. Wenn Sie keine Reaktion sind, sind Sie ehrlich. Gönnen Sie sich und dem anderen diese erfrischende und befreiende Haltung.

Verantwortlichkeit

Sie und niemand sonst ist verantwortlich für Ihre Gedanken und Ihr Verhalten, die in einer Beziehung auftreten. Völlig unabhängig vom anderen können Sie die Beziehung für sich selbst gestalten, sodass Sie in die Win-Situation kommen. Sie sind auch dafür verantwortlich, den anderen darauf hinzuweisen, wenn er seine verantwortliche Position nicht einnehmen möchte. Aber dann als Hinweis, nicht als Anklage oder Schuldzuweisung.

Standpunkt einnehmen

Wie bereits angesprochen, ist das Einnehmen eines Standpunkt eines der einfachsten Dinge, wenn das Vertrauen in Sie selbst stabil ist. Eine deutliche Aussage jenseits aller Urteile, Moral, Regeln erzeugt Klarheit. Damit stehen Sie zu sich, damit kann der andere mit Ihnen umgehen. Er weiß, wo Sie stehen, was Sie vertreten. Wenn der Standpunkt einen Abbruch der Beziehung zur Folge hat, dann ist dies heilsamer als das schleichende Gift der höflichen Freundlichkeit, der Anpassung und der Manipulation.

Bedürfnisse äußern

Erst das Äußern wirklicher Bedürfnisse versetzt Sie und den anderen in die Lage, aus der Beziehung das zu erhalten, was wirklich gebraucht wird. Erforschen Sie zuerst, was Sie wirklich brauchen. Damit beschäftigten wir uns ja bereits. Wirkliche Bedürfnisse sind sehr einfach und hautnah. Jeder andere versteht diese Bedürfnisse, weil sie auch ihm bekannt sind. Das macht Sie ehrlich und verletzlich.

Gleichwertigkeit und Respekt

Wenn Sie bestimmte Personen bevorzugen, ihnen mehr Respekt oder Aufmerksamkeit geben, erhöhen oder erniedrigen Sie einen Menschen.

Auf die Frage, was er tun würde, wenn sein höchster Vorgesetzter zu Besuch käme, antwortete er: »Ich würde meine Wohnung aufräumen, alles sauber machen und meine besten Sachen anziehen.« Was er denn täte, wenn ein Bekannter zum Abendessen vorbeikommt, antwortet er: »Ich würde was kochen oder Pizzen kommen lassen. Aber große Umstände würde ich mir nicht machen.«

Wie oft werden Mitmenschen mit Respektlosigkeit und Geringschätzung behandelt, die in der Rangfolge »bedeutend bis bedeutungslos« einen unteren Rang einnehmen?

Altes Loslassen
Konflikte, Schuldgefühle, Vorbehalte, Verstimmungen oder Verletzungen lösen sich nicht im Laufe der Zeit oder durch räumliche Distanz auf. Auch noch nach Jahren und wenn Sie auf einem anderen Kontinent leben, bleiben Sie in Ihnen. Sie müssen ausgesprochen, vergeben und losgelassen werden. Wenn der andere nicht mitspielt - tun Sie es für sich.

Die leichteste und förderlichste Haltung

1. Wohlwollen und Wertschätzung

Dies ist der Schlüssel zum Gelingen jeglicher Begegnung, egal ob sie nach kurzen Momenten endet oder zu einer langfristigen Beziehung wird. Wozu den anderen be- oder verurteilen? Ein alter mahnender Spruch, doch dauerhafte Wahrheit: »Was du nicht willst, das man dir tu', das füg' auch keinem anderen zu.«

2. Verletzlichkeit

Bedürfnisse, Gedanken und Gefühle äußern bedeutet, sich verletzlich zu zeigen. Sie können nicht erwarten, verstanden zu werden, Sie können nicht voraussetzen, dass Ihre Bedürfnisse erfüllt werden. Verletzlichkeit ist die Qualität des Kindes, das keine oder wenig Strategien entwickelt hat, die Welt zu manipulieren. Unwissenheit oder Verwirrung gehören auch dazu.
Sie zeigen, dass Sie nicht in kontrollierender, rechthaberischer, schlauer Haltung fixiert sind. Verletzlichkeit bringt Sie mit den anderen weit mehr zusammen als alle Strategien.

3. Humor

Lachen und besonders gemeinsames Lachen ist das, was den Menschen von den anderen Wesen auf diesem Planeten unterscheidet. Durch Humor können Sie alle Blockaden oder Konflikte auflösen, die Anspannung verfliegt. Übertreiben Sie jeglichen Konflikt und Sie werden erleben, wie belanglos er wird. Lachen lässt alle Situationen leicht und erfrischend werden. Es gibt nichts, was nicht durch Humor seiner Ernsthaftigkeit beraubt werden kann. Aus dem Humor können ungeahnte Lösungen und Einfälle entstehen.

Ernsthaftigkeit dagegen ist Verhärtung, die keine Entwicklung ermöglicht, die alle Situationen zu Problemen macht.

4. Kreativität

Gestalten Sie Ihre Begegnungen und Beziehungen jenseits der Gewohnheiten. Gewiss, Rituale sind wichtig, wie das Händeschütteln, das Auf-die-Schulter-Klopfen, um ein Signal der Friedfertigkeit oder Bereitschaft zur Begegnung zu geben. Kreativität heißt hier, unvorhergesehenes Verhalten oder Gedanken einzubringen, lähmende Gewohnheiten, langweilende Etikette, überkommene Regeln zu übertreten. Kreativ sein heißt, Regeln und Schablonen zu verlassen.
Je mehr Etiketten gewahrt werden, desto weniger Möglichkeiten einer Entwicklung einer lebendigen Beziehung sind gegeben.

Überraschen Sie durch ein frisches, spontanes, anderes Verhalten die Begegnung. Manchmal reicht eine andere, eine absurde Kleidung. Alle Beteiligten werden sofort wacher und beteiligter. Kreativität ist nötig, um die Zone des Bequemen, Bekannten, Sicheren zu verlassen. In vielen Konflikten oder festgefahrenen Situationen kann ein kreativer Akt den Zustand verändern.

Bei der Klimakonferenz in Kyoto 2000 blieben nur noch wenige Stunden bis zu einer bis dahin aussichtslosen gemeinsamen Erklärung. Alle Teilnehmer hatten sich verpflichtet, bis zum offiziellen Ende der Konferenz zu bleiben. Da hielt der Vorsitzende der Konferenz die Uhren im Konferenzraum an und ließ sie erst wieder laufen, als die gemeinsame Erklärung gefunden war. ❞

Grenzen überschreiten, die Sie und der andere sich gesetzt haben (meist unausgesprochene Grenzen), heißt, in einen Raum voller Möglichkeiten zu gehen, die durch die Grenzen ausgeschlossen werden.
Regeln und Rituale kippen heißt, erfinderisch zu werden und Ihrer Kreativität Raum zu öffnen, der die Beziehung belebt.

Sie haben die folgende Geschichte schon einmal in diesem Buch gelesen. Lesen Sie sie bitte noch einmal und nehmen Sie wahr, ob sich Ihr Verständnis für die Geschichte von Paulo Coelho verändert hat.

❝ Der Meister sagt: »Heute wäre ein guter Tag, um etwas Außergewöhnliches zu tun. Zum Beispiel auf dem Weg zur Arbeit auf der Straße tanzen. Einem oder einer Unbekannten in die Augen schauen und von Liebe auf den ersten Blick sprechen. Dem Chef gegenüber eine Idee vorbringen, mit der wir uns vielleicht lächerlich machen, an die wir jedoch glauben. Ein Instrument kaufen, das wir schon immer spielen wollten, aber nicht wagten.
Die Krieger des Lichts gestehen sich solche Tage zu.
Wir können den Tag auch dazu benutzen, um alte Wunden zu lecken, die immer noch wehtun. Wir könnten jemanden anrufen, den nie wieder anzurufen wir uns ge-

schworen haben (obwohl wir uns über eine Nachricht auf unserem Anrufbeantworter riesig gefreut hätten). Heute könnte ein Tag sein, der nicht ins Pensum passt, das wir jeden Morgen aufsetzen. Heute ist jeder Fehler erlaubt und verziehen. Heute ist ein Tag der Lebensfreude.«

Lösungsmöglichkeiten

Falls Sie sich in der Situation befinden, wo Konflikte oder Probleme bezüglich anderer Menschen anhaltend belastend sind, werden Ihnen hier einige Alternativen genannt, die hilfreich sein können. Konflikte mit allen möglichen Mitmenschen: Am Arbeitsplatz mit Kollegen, in der Partnerschaft, in der Freundschaft, mit Nachbarn, mit ... Sie aufzulösen bedarf der Ehrlichkeit mit sich selbst und des Benennens, was genau Sie dabei spüren oder empfinden. Konflikte deuten immer auf etwas Ungelöstes, etwas Ungeklärtes, etwas Unausgesprochenes hin.
Die Lösung kann völlig außerhalb Ihrer bisherigen Sichtweise oder Verhaltensweise liegen - im Unbekannten. Aber ist das Unbekannte nicht immer spannender als das Bekannte? Zunächst einmal beginne ich hier mit der Hilfe oder Lösung durch andere.

Hilfe von außen

◎ Coaching

Coaching oder psychologisches Coaching begleitet Menschen bei Belastung oder der Neuorientierung. Beispielsweise wenn dauerhafte Konflikte mit sich selbst und

anderen die Lebensqualität einschränken, die Leistungsfähigkeit und Zufriedenheit mindern oder schwierige, ungeklärte Beziehungen in Partnerschaft und Freundeskreis vorhanden sind.
Dabei wird der Klient vom Coach unterstützt, zu seiner Lösung zu finden. Es geht nicht um Ratschläge oder therapeutische Maßnahmen. Ein Coach zeigt Wege und Möglichkeiten auf, die dem Klienten bisher unbekannt, aber schon immer vorhanden waren. Unbekannte Blockaden werden dabei auf geduldige Weise offenbart und aufgelöst, Grenzen ausgedehnt, Freiraum geschaffen.
Sicheres Zeichen eines erfolgreichen Coachings ist das Empfinden des Klienten, das sich etwas löst, etwas erweitert, er sich entspannt.
Es gibt keine standardisierte Methode für das Coaching. Ein erfahrener Coach hat eine Anzahl von Methoden, die je nach Situation und Klient kreativ abwechselnd eingesetzt werden können. Diese Art der Konfliktlösung und des Überschreitens von Grenzen oder Blockaden sind für beide Beteiligte im Prozess ein Abenteuer.

Im Coaching kann es darum gehen:
Beziehungsrelevante Konflikte zu lösen - Sinnfragen, Zielsetzungen und Motivationen zu klären - mentale Sackgassen zu öffnen - Fähigkeiten, Talente und Gaben der Beziehungsfähigkeiten zu entdecken - Krise, Stagnation, Resignation, Zweifel zu durchdringen.

◎ Psychoanalyse

Im engeren Sinn ist die Psychoanalyse ein psychotherapeutisches Behandlungsverfahren. Im Unterschied zu übenden bzw. trainierenden Verfahren wie Verhaltenstherapie zählt sie zu den aufdeckenden Therapien. Diese Methoden versuchen, dem Patienten ein vertieftes Verständnis der meist unbewussten Zusammenhänge seiner Situation zu vermitteln. Die Psychoanalyse findet über einige Jahre hinweg drei- bis fünfmal wöchentlich statt. Neben der »klassischen großen« Therapie sind heute kürzer dauernde Therapieformen weit verbreitet, bei denen sich Analytiker und Klient gegenübersitzen (anstatt Klient liegt auf der Coach, Analytiker sitzt im Sessel und hört zu) und sich ein- bis zweimal wöchentlich treffen.

◎ Tiefenpsychologisch fundierte Psychotherapie

Die tiefenpsychologisch fundierte Psychotherapie ist ein Abkömmling der Psychoanalyse und hat modifizierte Regeln, wie nur eine Therapiesitzung pro Woche oder weniger und Arbeiten im Sitzen mit Blickkontakt. Sie strebt in begrenzter Zeit klare Ziele an, wie Einsicht in innere Konflikte zu erreichen. Sie gehört neben der Verhaltenstherapie zu den am häufigsten auf Krankenkassenkosten durchgeführten Psychotherapieformen.

Verhaltenstherapie

Mit der problemorientierten Verhaltenstherapie wird ein ganzes Spektrum von Formen der Psychotherapie bezeichnet. Allen gleich ist die Ausrichtung der »Hilfe zur Selbsthilfe« für den Klienten. Der Klient erfährt Einsicht in Ursachen und Entstehung seiner Probleme. Er bekommt Methoden, mit denen er zukünftig besser im Leben und mit seinen Problemen zurechtkommt. Ziele und Vorgehensweisen werden meistens vorher vertraglich festgelegt. In Deutschland übernehmen gesetzliche Krankenkassen meist die Kosten für eine Verhaltenstherapie.

Klientenzentrierte Psychotherapie

Die Klientenzentrierte Psychotherapie ist eine Therapieform der Humanistischen Psychologie und wird auch Gesprächspsychotherapie, oder personzentrierte Psychotherapie genannt. Die Entwicklung der Gesprächspsychotherapie ist eng mit der Person ihres Begründers Carl R. Rogers verbunden.
Das Menschenbild der Klientenzentrierten Psychotherapie geht davon aus, dass der Mensch eine angeborene »Selbstverwirklichungs-« und »Vervollkommnungstendenz« besitzt. Unter günstigen Umständen sorgt sie für eine Weiterentwicklung und Reifung der Persönlichkeit. Der Klient oder Hilfesuchende trägt alles zu seiner Heilung Notwendige in sich und ist selbst am besten in der Lage, seine persönliche Situation zu analysieren und Lösungen

für seine Probleme zu erarbeiten. So wird bei dieser Methode lediglich ein günstiges Klima für den gestörten Wachstumsprozess geschaffen.

Meistens ist das Therapieziel eine reifere emotionale Anpassung, indem Ideal- und Selbstbild in Übereinstimmung gebracht werden. Dies geschieht durch Gespräche mit einer angstfreien Auseinandersetzung mit bisher oft abgewehrten Erfahrungen.

◎ Gestalttherapie

Die Gestalttherapie gehört zu den erlebnisaktivierenden Verfahren. Als Begründer gelten Fritz und Laura Perls. Die Basis dieser Therapie sind die »unabgeschlossenen« Gestalten, die sich im Klienten störend, hemmend oder blockierend auswirken. Derartige Gestalten werden vom Klienten erfahren und in einer kreativen Form »abgeschlossen«. Damit lösen sich ihre unbewusst hemmenden und/oder bedrohenden Wirkungen auf.
Im Mittelpunkt dieser Methode steht die Entwicklung und Verfeinerung des Gewahrseins aller momentan vorhandenen und zugänglichen Gefühle, Empfindungen und Verhaltensweisen. Damit kann der Kontakt des Klienten zu sich selbst und zu seiner Umwelt gefördert werden. In der Gestalttherapie gilt die These, dass psychische Störungen größtenteils auf einer Kontaktstörung oder Kontaktvermeidung zur Umwelt in bestimmten Situationen beruhen.

System-/Familienaufstellungen

Der Begriff Systemaufstellungen umfasst alle Arten von Aufstellungen, die ihre Basis in dem Familienstellen von Bert Hellinger haben. Diese Methode wurde vor mehr als 20 Jahren begründet und hat sich in die verschiedensten Richtungen entwickelt. Es gibt für das Thema dieses Buches spezielle Familienaufstellungen (für Konflikte und Probleme innerhalb von Familien, die sich auch in anderen sozialen Kontakten auswirken können) und systemische Aufstellungen speziell für Beziehungskonflikte (bei Paaren, mit Arbeitskollegen, mit Freunden etc.).

Das erstaunliche Resultat ist meistens - nach anfänglicher Skepsis - eine Erleichterung manchmal jahrzehntelanger Blockaden und Verwirrungen. Systemische Verstrickungen durch unsichtbare Bindungen werden bei dieser Methode aufgezeigt und erlöst.

Wie das gemacht wird? Systemische Berater oder Coaches arbeiten in Einzelsitzungen mit Figuren, die Bezugspersonen darstellen, und versetzen sich in die Position der aufgestellten Person. Auch der Klient kann sich in eine Person versetzen und nachempfinden, was die aufgestellte Person an dieser Stelle empfindet oder denkt. Meistens jedoch werden Aufstellungen in Gruppen gemacht, mit realen Menschen.
Die Teilnehmer repräsentieren dabei die tatsächlich beteiligten Menschen im Beziehungskonflikt. Das Erstaunliche ist, dass die Stellvertreter oder wer immer den Platz

einer beteiligten Person einnimmt, sehr genau das empfinden oder erleben, was den Originalpersonen geschieht oder geschehen ist.

Die Lösungen zeigen sich während oder nach der Systemaufstellung und werden auch von den anderen Beteiligten (die nicht wirklich zugegen waren) wahrgenommen. So können auch diese von der Arbeit profitieren. So berichten Beteiligte, die auf einem weit entfernten Kontinent leben und nichts von der Systemaufstellung wissen, dass sie plötzlich eine veränderte Qualität oder einen Frieden in der Beziehung mit dem, der die Aufstellung gemacht hat, empfinden.

Voice Dialogue

Mit der Voice Dialogue-Methode ist es Ihnen möglich, die verschiedenen Subpersönlichkeiten oder inneren Stimmen in Ihnen kennen zu lernen. Indem Sie in einen Dialog mit ihnen treten, kommen Sie zu der Erkenntnis, dass jeder Teil im Prinzip eine positive Absicht hat. Jeder möchte einen konstruktiven Beitrag zur Persönlichkeit liefern und folglich möchte er auch respektiert werden.
Es gibt mächtige Stimmen wie den Beschützer, der nach Sicherheit strebt und uns unsere Grenzen zeigt, oder den Kritiker, der uns auf unsere Schwächen hinweist.
Ziel des Arbeitens mit der Methode des Voice Dialogue ist es, ein immer bewussteres Ich zu schaffen. Es kann, was den Bereich der Konflikte in Beziehungen oder Part-

nerschaften betrifft, die widersprüchlichen Gefühle, die Unentschlossenheit, das qualvolle Hin- und Hergerissensein in einer bestimmten Situation beleuchten und widerstrebende Kräfte ausgleichen. Darüber hinaus können Sie durch Voice Dialogue (was Sie nach einigen Sitzungen selbst machen können) der inneren Stimme den Vorrang geben, die für jegliche Situation stimmiger ist.

Im Voice Dialogue erleben Sie durch das Sitzen auf verschiedenen Stühlen, die jeweils einer inneren Stimme entsprechen, dass da verschiedene innere Personen am Werk sind und dass sie unterschiedliche Motive haben.
Alle Stimmen sind wie wirkliche Personen, die in Ihnen leben. Sie verfolgen ihre eigenen Interessen und Ziele, handeln aus unterschiedlichen Impulsen, Gefühlen und Überzeugungen, besitzen ihre eigenen Fähigkeiten und Lösungswege und haben ihre eigene Ausdrucksweise. Wenn Sie diese »Inneren Personen« kennen, können Sie ein »bewusstes Ich« entwickeln. Nur so ist es möglich, wirklich freie Entscheidungen zu treffen.

Vielleicht sind Sie einmal überlastet, weil viele Menschen etwas von Ihnen wollen – Ihr Partner, Ihr Kind, Ihr Chef, Ihre Freunde, Ihre Vereinskollegen. Und Sie können nichts ablehnen. Hier kann die Methode helfen, den zurückzustellen, der es allen recht machen will, und den reden zu lassen, der Grenzen setzt.
Ein »bewusstes Ich« dirigiert den Einsatz der jeweils bestmöglichen, angemessenen Stimme, kann sich bewusst für eine innere Person entscheiden und sie agieren lassen.

Zum Beispiel bei dem Streit mit dem Vorgesetzten könnte es einen emotionslosen, analytischen Persönlichkeitsteil vorschicken, der dem anderen ganz klar die Sachlage erklärt.

◎ Paartherapie

Paartherapie eignet sich, besonders wenn beide Partner in der Partnerschaft festgefahren sind durch Beziehungsschwierigkeiten, Machtkämpfe oder emotionalen Rückzug eines oder beider Partner. Welche Methoden dort angewandt werden, kann sehr verschieden sein.

Am wirkungsvollsten sind lösungsorientierte Methoden, die auch die Ziele der Maßnahme gleich erarbeiten. In der therapeutischen Arbeit der Paartherapie kommen bewährte und erprobte Therapieformen zur Anwendung wie tiefenpsychologisch fundierte Psychotherapie, analytische Paartherapie, systemische Therapie, Psychodrama und Gestalttherapie.

Bei einer erfolgreichen Paartherapie können Sie die Erfahrung machen, dass Sie beziehungsfeindliche Abwehrstrukturen aufgeben können. Dadurch wird es Ihnen und Ihrem Partner möglich, wieder Vertrauen aufzubauen und echte Nähe zu erleben. Vor allem aber können Sie gegenseitig frühe Verletzungen heilen und sich gleichzeitig weiterentwickeln und wachsen zu kompetenten, ehrlichen Partnern.

Paartherapie ist angebracht, wenn Sie in einer Partnerschaft leben und feststellen, dass der Alltagstrott Ihnen kaum noch Raum lässt für Ihre eigenen Interessen, wenn Routine, Langeweile und lähmende Rituale Ihre Beziehung bestimmen, wenn Sie unterschiedliche individuelle Bedürfnisse und Interessen feststellen, die Sie gemeinsam oder getrennt in der Partnerschaft unterbringen wollen, wenn Sie herausfinden wollen, warum Ihre Zuneigung füreinander nachgelassen hat, wenn kein Partner mehr zu Kompromissen bereit ist und Versöhnung unmöglich erscheint, wenn Sie oder Ihr Partner grundlos eifersüchtig ist. Erweitern Sie diese Aufzählung um alles, was Sie an Ihnen und Ihrem Partner und Ihrer Partnerschaft stört oder Ihnen fehlt, und Sie haben die Gründe, eine Paartherapie zu machen.

Diese Arbeit mit sich und Ihrem Partner kann herausfinden, ob Sie Ihre Beziehungen nach alten, kopierten Beziehungsmustern gestalten und somit zu einer Krise führen. Sie können lernen, Ihre Verhaltensmuster zu hinterfragen und zu korrigieren. Möglicherweise liegt es auch nur an der Kommunikationsfähigkeit, die Sie verbessern können, und schließlich akzeptieren lernen, dass Probleme in einer Partnerschaft möglich sind und dafür da sind, aneinander zu wachsen und zu reifen – dass also eine Beziehung zwischen zwei Menschen etwas höchst Lebendiges ist.

Selbsthilfe

◎ Veränderung des Standpunktes

Ein Standpunkt oder eine Sichtweise ist wie ein Filter, durch den Sie den anderen und Situationen wahrnehmen. Es ist eine Programmvorwahl im Bewusstsein. Einmal gewählt, filtert das Programm, die Einstellung oder Überzeugung alle Informationen, die zu Ihnen kommen. Es kommen nur die Informationen durch, die mit dem Filter übereinstimmen.

Wenn der Fernseher auf ARD eingestellt ist, können Sie niemals die Filme von ZDF empfangen. In Ihrem Leben wird niemals eine ZDF-Sendung empfangen, auch wenn dort täglich gesendet wird.
Die Einstellung »Der andere ist böse« wird keine anderen Informationen oder Sendungen durchlassen als böse Andere oder böse Taten, böse Bemerkungen usw.

Übung

Schritt 1: Ich bin ganz anders als du.

Übernehmen Sie ganz diese Idee, glauben sie es wirklich. Denken Sie diesen Satz bei jedem, der Ihnen begegnet. Schauen Sie jemanden – möglichst viele Menschen – mit diesem Filter an. Wenn Sie die Straße betreten, einkaufen gehen im Supermarkt, im Büro sind.

Bemerken Sie, wie Sie sich damit fühlen. Bemerken Sie Ihren inneren Dialog.

Schritt 2: Wir sind uns so ähnlich.

Übernehmen Sie ganz diese Idee, glauben Sie es wirklich. Denken Sie diesen Satz bei jedem, der Ihnen begegnet. Schauen Sie jemanden, möglichst viele Menschen, mit diesem Filter an. Wenn Sie die Straße betreten, einkaufen gehen im Supermarkt, im Büro sind.
Bemerken Sie, wie Sie sich damit fühlen. Bemerken Sie Ihren inneren Dialog.

Sehen Sie das Leben, die anderen, einen speziellen Anderen jetzt ein wenig anders, wenn Sie Ihren Standpunkt gewechselt haben? Fühlen Sie sich mit der Welt, dem anderen mehr verbunden als vorher?
Keine Umstände, keine Erscheinungen, keine Interessen haben sich verändert – lediglich Ihr Standpunkt, Ihre Überzeugung.

Wenn Sie also möchten, dass sich Ihre Beziehungen verändern, wechseln Sie den Kanal von »Du bist so anders!« auf »Wir sind uns so ähnlich!«.

◎ Menschen, Meinungen, Urteile

Denken Sie an einen Menschen, mit dem Sie ein Problem oder einen Konflikt haben. Vielleicht lehnen Sie diesen Menschen ab, mögen ihn oder sie nicht, befällt Sie immer wieder ein schlechtes Gefühl, Sie wissen aber nicht, warum. Möglicherweise sind es Äußerlichkeiten, Verhalten, Stimme, Gesten, Mimik. Die Übung dazu:

1. Beschreiben Sie gedanklich – oder, wenn Sie den Menschen sehen können – sein/ihr Äußeres.
2. Bilden Sie nun eine Meinung, die Sie übertreiben können. Erfinden Sie eine Meinung. Das heißt, bewerten Sie den Menschen.
3. Nennen Sie den Namen des Menschen (Karl) mit Ihrer Meinung (ist ungepflegt, schlampig gekleidet) und fühlen Sie, wie sich diese Person dadurch anfühlt (eklig).
4. Ändern Sie ihre Meinung (nicht sehr sauber, nachlässig gekleidet) über die Person (Karl) und beobachten Sie, wie die Bewertung der Person und ihr Verhalten anders empfunden, anders bewertet wird (nicht attraktiv für mich, nicht sehr einladend, ist eben anders, als ich es gerne hätte).
5. Machen Sie diese Übung mit mehreren Menschen und Situationen und erleben Sie, wie anders die Menschen sein können.

◎ Zirkuläre Fragen oder «Balkonübung«

Sie haben einen Konflikt, eine Beziehung ist schwierig, eine Situation scheint Ihrerseits nicht lösbar?
Hier kann eine einfache Übung mit sich selbst helfen.

Setzen Sie den Namen der Person ein, der Sie vertrauen, die Sie für kompetent halten, von der Sie glauben, sie kann Ihnen eine Lösung aufzeigen.

Frage: »Was würde ... dazu sagen?«

Frage: »Wenn ich ... fragen würde, wie sich die Situation verändern kann, was würde mir geantwortet?«

Frage: »Wenn Ihre beste Freundin, bester Freund draußen auf dem Balkon stünde und Ihnen zusehen und zuhören würde, wie sich Ihr Konflikt abspielt, was würde er/sie Ihnen sagen oder empfehlen?«

◎ Hypothetische Lösungen

Ziel dieser einfachen Übung ist es, Bilder mit positiven Inhalten von Zielen oder Problemlösungen entstehen zu lassen.

> Frage: »Angenommen, das Problem oder der Konflikt ist gelöst. Was würde Ihr bester Freund, Ihre beste Freundin sagen, was Sie jetzt anders machen oder wie Sie sich verändert haben? Welche Schritte waren nötig, dahin zu kommen?«

____

____

> Frage: »Mal angenommen, schon diese Übung wäre erfolgreich. Sie gehen an Ihren Arbeitsplatz, zu Ihrer Familie, zu Ihrem Partner und sind gut gelaunt und zuversichtlich. Womit hätten Sie sich vorher beschäftigt und was wäre dann anders für Sie, als es jetzt ist?«

____

____

◎ Verstehen

Hier ist eine einfache Übung, die Sie jederzeit machen können. Mit ihr können Verständnis und Mitgefühl für andere entstehen. Also das Gegenteil von Ignoranz und Gefühlskälte - dem bedeutendsten Merkmal unserer Gesellschaft.

Richten Sie Ihre Aufmerksamkeit auf eine bestimmte (fremde oder bekannte) Person, wer immer Ihnen ab jetzt begegnet, ohne dass Sie diese anstarren und lange Zeit beobachten. Halten Sie Abstand. Die Übung eignet sich auch für Paare und Familienmitglieder für gegenseitiges Akzeptieren und für Feinde oder Widersacher, die noch in der Erinnerung herumgeistern.

Schritt 1:
Richten Sie Ihre Aufmerksamkeit auf eine Person und sagen Sie zu sich selbst:
»Genau wie ich strebt dieser Mensch nach Glück in seinem Leben.«

Schritt 2:
Bleiben Sie mit der Aufmerksamkeit bei der Person und sagen Sie zu sich selbst:
»Genau wie ich versucht dieser Mensch, in seinem Leben Leid zu vermeiden.«

Schritt 3:

Bleiben Sie mit der Aufmerksamkeit bei der Person und sagen Sie zu sich selbst:
»Genau wie ich versucht dieser Mensch, seine Bedürfnisse zu erfüllen.«

Schritt 4:

Bilden Sie Ihren eigenen Satz.

◎ Probleme würdigen

Die Haltung, sich gegen Probleme oder Konflikte zu stellen, verschafft diesen mehr Aufmerksamkeit, als sie möglicherweise brauchen. Drehen Sie die Sache um und würdigen Sie die Situation als eine positive Möglichkeit, die nur noch nicht gesehen wurde.

1. Fragen Sie sich, auch wenn es anfänglich absurd erscheint, welchen Sinn oder Nutzen das Problem oder der Konflikt schafft?

2. Fragen Sie sich, welche positiven Auswirkungen oder Vorteile das Problem hat, ob Sie wollen oder nicht, auf Sie oder andere?

◎ Emotional Freedom Techniques (EFT)

Die EFT-Methode des Amerikaners Gary Craig ist eine neuartige Vorgehensweise zur Auflösung energetischer Blockaden und gehört in den Bereich energetischer Psychologie - sie ist jedoch keine Psychotherapie. Sie basiert auf den Erkenntnissen und Erfahrungen des klinischen Psychologen Roger J. Callahan aus den 70er- und 80er-Jahren. In den USA ist die Effektivität von EFT durch empirische Studien nachgewiesen.

EFT ist eine schnell und effektiv wirkende Methode zur Auflösung von in diesem Buch angesprochenen Themen wie Ängsten, Ärger, Wut, Schuldgedanken, emotionalen Blockaden und allen begrenzenden Situationen menschlicher Interaktion.

EFT mit seiner ganz einfachen Erkenntnis:

»der Grund aller negativer Emotionen und deren körperlichen Folgeerscheinungen liegt in einer Unterbrechung oder Störung des körperlichen Energiefeldes«,

stellt die meisten Vorstellungen der konventionellen Psychologie oder Psychotherapie auf den Kopf. Wenn die Ursache für alle negativen Emotionen in einer Unterbrechung, einer Störung im Energiesystem des Körpers zu suchen ist, werden zur Auflösung keine langen und oft quälenden Gespräche oder Konfrontationen mit dem früher Erlebten notwendig, genauso wenig wie jahrelange Analysen.

Ziel der Methode ist eine Wiederherstellung des ungestörten Energieflusses im Körper. Diese Unterbrechung im Energiefluss ist nach Gary Craig der direkte Grund für die emotionale Verstimmung und Not. D. h. also, wenn die Erinnerung keine Unterbrechung im Energiesystem des Körpers verursacht, kann folglich auch kein negatives Gefühl und keine funktionale Störung (somatische oder psychosomatische Beschwerden) entstehen.
Hier finden wir auch die Erklärung dafür, warum manche Menschen von ihren Erinnerungen gequält werden und andere nicht.

Fazit des EFT ist, dass alle körperlichen und psychischen Störungen dieselben Ursachen haben, nämlich eine Unterbrechung im Energiesystem des Körpers.

Vielen Problemen liegen hinderliche oder sabotierende Glaubenssätze oder Überzeugungen zugrunde. Diese können im Laufe der EFT-Behandlung aufgespürt werden – oftmals offenbaren sie sich von selbst im Gespräch. In diesen Glaubenssätzen widerspiegelt sich die persönliche Interpretation des Erlebens des betroffenen Klienten.

Mit EFT können wir zunächst die emotionalen Wurzeln neutralisieren und dann ebenso die negativen Wirkungen der Glaubensätze, die im Sinne einer »selbsterfüllenden Prophezeiung« wirken, auflösen. Auch jegliches Trauma kann mit EFT erfolgreich angegangen werden, denn das Trauma ist in Wirklichkeit vorbei und existiert nur in der Erinnerung. Wobei die Angst vor der stressenden Erinnerung der dabei erlebten Gefühle bleibt, die sich als negative, schmerzhafte, panikartige Emotionen, Süchte oder Schmerzen manifestiert.

Im Wesentlichen ist EFT eine psychologische Version der Akupunktur, außer dass keine Nadeln eingesetzt werden. Stattdessen werden spezifische Meridianpunkte stimuliert, indem sie mit den Fingern geklopft werden, während die Person sich auf ihr Problem konzentriert und einen Lösungssatz ausspricht.

Die Methode funktioniert so, dass zunächst schrittweise mit dem gearbeitet wird, das der Klient selbst benennen kann. Z. B. im Falle dauerhafter Konflikte mit Vorgesetzten beginnt man mit diesem Thema und wertet den Stress (null = wenig bis zehn = sehr stark). Dann wird die Methode angewandt, bis der Wert null erreicht wird und somit kein Stress mehr durch den Konflikt entsteht. Wenn während des Klopfens offensichtlich wird, dass dem Konflikt beispielsweise ein bestimmtes Verhalten des Vorgesetzten zugrunde liegt, kann man sich der Auflösung dieses Themas zuwenden und eventuell mit den Glaubenssätzen »Ich fühle mich durch meinen Vorgesetzten wie durch meinen Vater kontrolliert« oder »Mein Vorgesetzter stellt sich über mich« arbeiten.

Auf allen Ebenen, körperlich, emotional und mental, wird dieselbe Methode angewandt, die jeweils in der Weise angepasst werden kann, dass das zu bearbeitende Thema genau angesprochen wird.

Das Besondere an der EFT-Methode ist nicht nur die Effektivität, sondern auch die Schnelligkeit, in der fühlbare und dauerhafte Ergebnisse erreicht werden können.
Jeder kann diese Methode in kurzer Zeit lernen und an sich selbst und anderen ausführen.

Was bei EFT tatsächliche Befreiung bewirkt, ist, dass der automatische Mechanismus, *negativer Gedanke* → führt zu *Energieblockade* → führt zu *Symptom,* unterbrochen wird, indem die Energieblockade aufgehoben wird, während die Person sich auf ihr Problem konzentriert.

Der einzige Grund, wieso manche Menschen von ihren Erinnerungen gequält werden (wie Kriegsveteranen, Unfallopfer, Hinterbliebene, Traumatisierte, Gedemütigte) und andere aber nicht, liegt in der Tatsache begründet, dass bei den »Gequälten« die Erinnerung in der Gegenwart noch eine Energieblockade auslöst wie »Immer wenn ich an die Trennung meiner Eltern denke, befällt mich diese Atemnot, schnürt sich mir der Magen zusammen, empfinde ich tiefen Schmerz«.

Auf einer anderen Ebene können Glaubenssätze oder Überzeugungen, die im Unterbewusstsein gespeichert sind, energetische Blockaden auslösen, wie z. B. der Satz »Ich darf nicht erfolgreich sein, denn dann werde ich besser als meine geliebte Schwester und verliere ihre Zuneigung«.
Bei jeder Gelegenheit eines Erfolges oder einer herausragenden Leistung würde eine Energieblockade augenblick-

lich stattfinden. So, wie jemand immer die falsche Telefonnummer tippt, den Lottoschein vergisst, die Prüfung nicht besteht, wenn ein finanzieller oder schulischer Erfolg möglich wäre.

EFT behandelt einige ausgewählte Punkte auf den wichtigsten Meridianen, die für alle möglichen negativen Emotionen wichtig sind.
Der gesamte Prozess dauert 2 bis 5 Minuten, wenn das Thema oder Problem möglichst *genau* definiert ist.

Die Methode funktioniert ganz einfach, was manchen kritischen oder skeptischen Leser dazu verleiten kann, sie erst gar nicht probieren zu wollen. Dem liegt die Überzeugung zugrunde, dass es schwierig und kompliziert sein muss. Da kann auch noch die Überzeugung sein, dass Ihr Problem lange und kostspielige Therapie braucht. Beide Überzeugungen können ebenfalls mit EFT »behandelt« werden.

Die Methode kann von jedem gelernt und ausgeübt werden. Viele Leser meiner Titel über die Methode (erschienen im Ullstein und Allegria Verlag) haben EFT durch ein Buch gelernt und wenden es erfolgreich für sich, ihre Familie, ihre Freunde etc. an.

Ein Beispiel von EFT

Teamkonflikte

Hans ist 42 Jahre. Er arbeitet in einem Architekturbüro mit vielen Menschen in einem Raum. Sein Status ist der eines Projektleiters - einerseits leitet er ein Team, andererseits untersteht er zwei Bereichsleitern. Sein Äußeres ist gepflegt, er ist semimodisch gekleidet, groß und schlank. Er hat alle äußeren Vorteile eines erfolgreichen Menschen. Wenn da nicht die Furchen in seiner Stirn wären und der unruhige Blick. »Fast jeden Abend bin ich sehr erschöpft. Es kann auch daran liegen, dass ich ziemlich penibel in meiner Arbeit bin.«

Er berichtet, sich im Team zurückzuziehen. Das macht die Zusammenarbeit nicht leicht und führte schon öfters zu Konflikten. Auch seine Vorgesetzten haben ihn mehrfach darauf hingewiesen, dass sich das ändern müsse.

»Am liebsten arbeite ich allein, überhaupt mag ich nicht Partys, Familienfeiern, mich inmitten vieler Menschen aufhalten. Vor Besprechungen bekomme ich manchmal Durchfall, manchmal wird mir plötzlich übel. Betriebsfeiern beispielsweise sind mir ein Gräuel, da bekomme ich vorher schon Kopfschmerzen.«

»Ich mache meine Arbeit sehr gerne, sie ist kreativ, abwechslungsreich und wird gut bezahlt. Auch sonst läuft alles gut. Aber von den anderen schotte ich mich meistens ab, meide die gemeinsamen Mittagessen. Und am Abend bin ich meistens völlig erschöpft. Ich komme mit der Situation nicht klar. Was ist denn los mit mir?«

Wir beginnen mit dem Lösungssatz, wie es beim EFT genannt wird:
»Auch wenn ich nicht weiß, was mich so erschöpft in meiner Arbeit, liebe und akzeptiere ich mich voll und ganz.«
Nach einem Durchgang beginne ich mit kontinuierlichem Klopfen und frage nach: »Hat es etwas mit der Zeit zu tun, die du da verbringst?« »Hat es etwas mit dem Projekt zu tun?« »Hat es etwas mit den Kollegen zu tun?«
Nach einigem Klopfen auf Schlüsselbein, Unterarm, Zeigefinger, Mittelfinger seufzt Hans. »Ich habe das Gefühl, alle beobachten mich.«
»Ist das auch so bei Familienfeiern, Partys, gemeinsamen Essen mit Kollegen?«
»Ja, jetzt wo wir darüber so reden, habe ich den Eindruck, ich befürchte, immer beobachtet und beurteilt zu werden.«
Wir beginnen mit der Einschätzung, wie sehr sich Hans beobachtet und beurteilt fühlt. Es ist eine »Acht«.
Der Satz lautet also: *»Auch wenn ich mich in Gesellschaft und im Team bei der Arbeit beobachtet fühle und glaube, beurteilt zu werden, liebe und akzeptiere ich mich voll und ganz.«*

Wir machen fünf ganze EFT-Durchgänge, bis der Wert auf drei geht. Dieser Wert bleibt konstant, auch wenn ich den Satz verändere. Bis dahin war EFT schon sehr erfolgreich, denn es wären wahrscheinlich einige, zeitlich versetzte therapeutische Gespräche nötig gewesen, um dahin zu gelangen, dass Hans sich wesentlich freier fühlt.

Was nun weiter tun? Ich frage, ob Hans mit dem Ergebnis für heute zufrieden ist oder ob er weiter EFT machen möchte. Er will. Er sagt: »Ich will«, das hat Kraft und Motivation. Nutzen wir die Gelegenheit.
»Was könnten die anderen Menschen an dir entdecken?«
»Hmm, weiß nicht. Irgendwas Negatives.«
»Wie sehr glaubst du, dass du etwas Negatives zu verbergen hast, was jemand entdecken könnte?«
»Oh, der Wert ist ›neun‹.«

Hier können wir mit EFT weiter zum Grundthema vordringen.
»Obwohl ich glaube, dass ich etwas Negatives habe, was andere entdecken könnten, liebe und akzeptiere ich mich voll und ganz.«
Nach vier Durchgängen sinkt der Wert auf »zwei«. Ich klopfe weiter und lasse Hans erzählen, was das Negative sein könnte.
»Ich erinnere mich an diesen Aufsatz in der Schule, wo mich der Lehrer vor allen anderen so bloßgestellt hat. Er hat Fehler für Fehler ausführlich vor allen erläutert und alle haben sich amüsiert. Ich wäre an diesem Tag lieber im Boden versunken. Ich bin wie benommen aus der Schule und schnell nach Hause gerannt, damit mich ja niemand deswegen anspricht.«

»Wenn du jetzt an diese Situation denkst, wie sehr ist dir das peinlich oder schmerzt dich das?«
»Oh, das schmerzt sehr, wenn ich jetzt daran denke – da ist eine ›Zehn‹.«

Wir machen EFT mit: *»Auch wenn ich mich bloßgestellt fühle und mich das schmerzt, wenn ich daran denke, wie mich der Lehrer behandelt hat, liebe und akzeptiere ich mich voll und ganz.«*

Es braucht nur zwei Durchgänge und Hans fühlt sich nicht mehr peinlich berührt, es schmerzt ihn nicht.
»Nein, da ist jetzt nichts mehr.«
So weit ist das Thema gelöst. Ich teste noch einmal:
»Wenn du dir jetzt vorstellst, im Büro mit den Kollegen eine Besprechung zu haben, wie sehr fühlst du dich beobachtet und beurteilt?«
»Jetzt kommt da kein ungutes Gefühl. Im Gegenteil, ich finde es spannend, wie ich ohne diese Idee mit den anderen bin.«

Hans hat eine peinliche Kränkung erlebt, die sich als Blockade bis zur Sitzung aufrechterhielt. Gepaart mit seiner Teilpersönlichkeit oder Inneren Stimme »Sei genau, sei korrekt!«, die sich in seinem peniblen Arbeiten ausdrückt, um nie wieder eine Kränkung zu erleben, hat sich die jetzige Situation ergeben.
Ich frage noch nach der Erschöpfung am Abend. »Jetzt weiß ich, wovon ich abends erschöpft bin. Ich war doch den ganzen Tag bedacht, nichts falsch zu machen und mich zu verstecken.«

Dosierung, Rückfälle, Homöostase

Die Dosierung der Veränderungen in Ihren Beziehungen liegt bei Ihnen. Sie können schrittweise vorgehen und die Veränderung langsam vollziehen. Sie können üben - jederzeit ergeben sich Gelegenheiten, Ihre Standpunkte, Ihre Sprache, Ihre Strategien zu überprüfen. Sie können beobachten, wie sich die Muster entfalten und eingreifen. Möglicherweise werden Sie diesen schleichenden Entzug Ihrer Gewohnheiten bevorzugen. Das ist die einfache Methode.
Was sich einfach anfühlt, ist für Sie das Richtige.

Sie werden wahrscheinlich Rückfälle erleben, es sei denn, die Erkenntnisse haben eine so tief gehende Wandlung ausgelöst, dass Ihre vergangenen Strategien gelöscht sind. Die meisten Menschen erfahren, dass die angelegten neurologischen Bahnen, die jahrzehntelang genutzt und so verstärkt wurden, sie zurückbringen zu den gewohnten Verhalten und Denkweisen.
Wie ausgetretene Pfade, die Sie immer gegangen sind, wo Sie nicht mehr darauf achten, wo Sie hintreten. Es ist eine Sache der Aufmerksamkeit und Bereitschaft, neues Verhalten zu pflegen und Rückfälle als eine Erinnerung und nicht als Versagen zu betrachten.

Wenn Sie zu abrupten, plötzlichen Änderungen tendieren, werden Sie eine Radikalkur vornehmen.
Bei Radikalkuren werden Sie bei sich und dem anderen auf das Phänomen der Homöostase stoßen.

Alles Neue wird immer
erst belacht,
dann bekämpft
und schließlich
als Selbstverständlichkeit angenommen.

Homöostase bezeichnet die Funktion des Selbstschutzes eines Körpers oder einer Psyche wie auch einer Horde von Wesen (Familie, Fußballmannschaft, Gesellschaft). Damit wird sich vor dauernden Veränderungen innerhalb und außerhalb des Systems geschützt, um die wichtigsten Funktionen aufrechtzuerhalten. Das können Sie beobachten, wenn Sie morgen nach jahrelangem Sitzen auf einem Bürostuhl und abendlichem Abliegen auf dem Sofa versuchen würden, zwei Kilometer zu laufen.
Der Körper würde Ihnen während des Laufens Atemnot, Seitenstechen, Schmerzen mitteilen. Der Verstand würde Ihnen bereits nach hundert Metern mitteilen, dass das viel zu anstrengend ist und was für einen Unsinn Sie sich da ausgedacht haben, wo es doch daheim einen frischen Kaffee gibt.

Ebenso verhält es sich in der Familie und Gesellschaft, wenn ein (Ihr Kind, Ihr Partner) oder mehrere Menschen durch ein anderes Denken und Verhalten den reibungs-

losen, komfortablen Ablauf des Lebens zu beeinträchtigen drohen oder die Einstellungen und Lebensweisen der anderen in Frage stellen.
In unseren heutigen Gesellschaften nehmen die Medien die Funktion eines belohnenden und bestrafenden argusäugigen Gottvaters ein. Wir erleben zwar eine Flut von äußerlichen Innovationen und Neuerungen, aber an der inneren Struktur und den Zuständen unserer Beziehungen wird nicht gerüttelt.
Das System sucht nach Ausgeglichenheit und leistet erst einmal den Veränderungen Widerstand.

Auch Sie und der andere, der Mitspieler in der Beziehung oder Partnerschaft, unterliegen diesem Gesetz. Die Homöostase ist nicht bösartig und gegen Sie! Sie gibt nach, sobald wieder eine stabile Ebene erreicht ist. Grenzen werden neu gesetzt, Gesetze verändert, Regeln korrigiert.

Was du für den Gipfel hältst,
ist nur eine Stufe.

Seneca

Schwierigkeiten oder Widerstände können Sie als Kraftquelle oder Motivation nutzen. Das Anerkennen der Realität und Wahrheit setzt nämlich Energie frei, während das Unterdrücken Energie blockiert. Es kann sein, dass Schwierigkeiten nur deshalb auftreten, weil Sie ihnen noch nicht Aufmerksamkeit oder Zeit geschenkt haben. Widerstände sind nicht mit Unerreichbarkeit zu verwechseln.

Sollten Sie der festen Überzeugung sein, dass die hier vorgestellten Möglichkeiten einer lebendigen Beziehung nicht machbar sind, lesen Sie die »absolute« Gewissheit des 1839 sehr bekannten Chirurgen Alfred Velpau:

»Die Abwesenheit von Schmerz in der Chirurgie ist ein Phantom. Es ist absurd, heute danach weiterzusuchen. ›Skalpell‹ und ›Schmerz‹ sind die beiden Begriffe, die in der Chirurgie für immer *miteinander assoziiert werden müssen im Bewusstsein des Patienten. Zu dieser unausweichlichen Kombination sollten wir stehen.«*

Heute erleben wir, dass es völlig anders sein kann. Die Chirurgie kann schmerzfrei sein.

Genauso kann es sich mit Ihren, unseren Beziehungen anders verhalten, wenn wir die festen Überzeugungen aufgeben, dass es eben so ist und nicht anders sein kann. So schmerzfrei wie die Chirurgie können auch Beziehungen sein. Was dazu nötig ist, ist die Bereitschaft zur Veränderung und üben, üben, üben. Üben ist ein Spiel, eine Kür. Lassen Sie es nicht zur ernsthaften Pflicht werden.

Abschied nehmen

Jede Beziehung endet irgendwann. Der Beginn des Endes ist die erste Minute der Beziehung. Ihre Werte, Bedürfnisse, Ziele können sich ändern. Neue Freunde oder Partner erscheinen. Neue Arbeitschancen eröffnen sich. Ihr Arbeitsverhältnis mag enden durch wirtschaftliche oder karrierebestimmte Faktoren.
Oftmals sind die Trennungen oder Abschiede bereits durch Tatsachen, die innerhalb oder außerhalb Ihrer Entscheidungen liegen, unvermeidlich oder vollzogen, bis sie in ihrer Tragweite erkannt werden: Einer Ihrer Freunde findet einen neuen Arbeitsplatz in einer weit entfernten Stadt. Ihre Tochter hat einen neuen Liebhaber gefunden und beschließt, mit ihm zu leben. Ihre beste Freundin hat ein neues Interessengebiet gefunden, das sich mit Ihren Interessen nicht deckt. Ihr bester Kunde wechselt zu einem neuen Lieferanten.

Wie die Abschiede verlaufen, die mit den bisherigen Beziehungen stattfinden, liegt an Ihnen. Sie können würdelos, den anderen verletzend, oder mit Respekt, den anderen nicht verletzend, sein. Die Abschiede, die Sie vollziehen wollen oder müssen, trennen ein oder viele biosoziale Bänder zwischen Ihnen und dem Nächsten.

Wenn die Bänder nicht getrennt werden, bleibt eine vielleicht blockierende Verbindung. Sie kennen die unausgesprochenen oder ungelösten Konflikte mit Mitmenschen? Sie haben es erlebt, wie bei Ihnen nach Jahren noch Gefühle auftauchen, wenn Sie an einen Menschen oder eine Gruppe von Menschen erinnert werden?

Sich und den anderen aus Beziehungen befreien heißt, es war, es ist nicht mehr. Es ist vorbei. Das muss ausgesprochen werden, das muss klargestellt werden. Sie können einen Arbeitsplatz, eine Beziehung, eine Partnerschaft mit Vorwürfen verlassen, um das Ende zu legitimieren. Sie können auch in Anerkennung für das Erlebte scheiden. Sie können mit Schmerz oder Erleichterung gehen. Es ist Ihre Entscheidung. Es geht um Ihren Frieden mit der Welt.

Da gab es zwei Freundinnen, wirklich gute Freundinnen. (Vielleicht kennen Sie solche Frauenfreundschaften, wo alles Erlebte, jede Gefühlsregung ausführlich erzählt wird, über die Partner geredet wird...) Bis die eine Freundin einen neuen Partner fand. Mit dem aber konnte ihre Freundin nicht »warm werden«.
Dann heiratete die Freundin auch noch den Partner und das, wo die Freundinnen doch immer so unkonventionell gewesen waren! Ihre Freundin erschien zur Hochzeit, doch der Bruch war bereits vollzogen. Die heiratende Freundin war verletzt, die unverheiratete enttäuscht.
Beide hatten es nicht angesprochen. Es war klar, diese Beziehung ging zu Ende. Noch viele Monate trafen sie sich

in zeitlich immer größeren Abständen, plauderten miteinander, aber die Innigkeit ihrer Beziehung war nicht mehr herstellbar. Dann gaben beide auf, noch Kontakte herzustellen. Doch sie fühlten beide weiter einen diffusen Schmerz beim Gedanken an die andere. ”

“ Ich war einmal in einem Unternehmen, als ich noch als angestellter Betriebswirt arbeitete, und hatte beschlossen, ein Studium zu beginnen. Die bisherige Arbeit erfüllte mich nicht mehr. Es hieß Abschied nehmen. Ich ließ dem Unternehmen genügend Gelegenheit, einen passenden Nachfolger zu suchen, den ich dann einarbeitete. Gewissenhaft und ausführlich - ich hatte nichts zurückzuhalten, keine »unbekannten Faktoren« sollten den Mitarbeiter oder das Unternehmen vor Rätsel stellen.

Ich und meine Vorgesetzten trennten uns in einem freundlichen Verhältnis. Beide Seiten hatten viele Stunden zusammen in kreativer und humorvoller Atmosphäre verbracht. Wochen später wurde ich vom selben Unternehmen gebeten, ein Projekt auf selbstständiger Basis zu bearbeiten, was mir ein zusätzliches willkommenes Einkommen bot. ”

“ Zwei Männer hatten eine langjährige Freundschaft. Da begann der eine Mann Interesse an klassischer Musik zu entwickeln, das der andere Mann nicht teilte, im Gegenteil. Der eine war fortan sehr oft in Konzerten und reiste auch zu Aufführungen. Er war von der Musik sehr fasziniert, doch sein Freund teilte die Begeisterung nicht. An einem Abend telefonierten sie und es kamen alle »stinkenden Fische« zur Sprache. Erstaunt stellten beide fest, wie sehr sie das Verhalten des anderen gleichsam als ein Sichentfernen wahrgenommen hatten. Und gleichzeitig waren da keine negativen Gedanken oder Gefühle. Sie nahmen es wahr und akzeptierten die Tatsache – die Tatsache einer Trennung, vielleicht nur vorübergehend, vielleicht auch für immer. ❞

❝ Der vom Unternehmen gekündigte Franz Meier erlag nicht den oftmals auftretenden Rache- oder Verwünschungsgedanken der Gekündigten. Die Lage des Unternehmens erforderte es und es geschah nicht wegen seiner Leistungen. Nach einigen Monaten erhielt er einen Anruf des früheren Arbeitgebers, dass ein befreundetes Unternehmen dringend einen interessanten Posten zu besetzen hat und man ihn, Franz Meier, vorgeschlagen hat. So entstand aus dem Abschied in Respekt ein Neubeginn. ❞

Beziehung ist …

Es gibt keine feste, andauernde,
verlässliche Beziehung.

Jede Beziehung entsteht im Moment
der Begegnung neu.

Es ist ein Anschauen, ein Gespräch,
eine Zusammenarbeit, ein Zusammensein,
ein Zusammenleben.

Jede Beziehung kann stets neu bestimmt
und verändert werden.

Über den Autor

Erich Keller, Jahrgang 1949, ist Autor von zahlreichen Veröffentlichungen und mehr als 15 Büchern. Seine Ausbildungen reichen von Betriebswirtschaft, Aromatologie, Psychoaromatherapie, Psychotherapie, Coaching, Bewusstseinsentwicklung, S.E.P.® (spirituelle energetische Psychologie) bis EFT (Emotional Freedom Techniques). Er ist auch Dozent an einer Schweizer Fachschule für angewandte Psychologie.
Seit 15 Jahren gibt er Kurse, Trainings und individuelles Coaching/psychologische Beratung.

Die Vielfalt deutet es an: Aus unterschiedlichen Neigungen kristallisierte sich als Motivation die Freude und das Interesse an der Arbeit mit Menschen, der Wissensvermittlung, dem Lehren unter Berücksichtigung des jeweiligen Umfeldes und Themenkreises (Privatperson, Unternehmen, Verband etc.) heraus. Dies ist sein Fokus.

Bei Interesse wenden Sie sich an:

Erich Keller
Tel. 08141/18436
erich-keller@gmx.de
www.erich-keller.de

Weitere Veröffentlichungen des Autors

Endlich frei mit EFT
Emotionale und körperliche Blockaden auflösen
Ullstein Verlag 2005

Erfolgsblockaden auflösen mit EFT
Ziele erreichen, Wünsche erfüllen, Stillstand überwinden
Ullstein Verlag 2007

Endlich frei in der Partnerschaft
Beziehungsblockaden auflösen mit EFT
Ullstein Verlag 2008

Das große Praxisbuch der Aromalehre
Ganzheitliche Aromatherapie für Wohlbefinden und Heilung
Ullstein Verlag 2006

Das Einführungsbuch für jeden - der EFT-Bestseller von Erich Keller

ERICH KELLER
Endlich frei! Mit EFT
€ 7,95 · 160 Seiten
ISBN: 978-3-548-74278-6

ERICH KELLER
Endlich frei in der Partnerschaft
Geb. € 16,– · 182 Seiten
ISBN: 978-3-7934-2016-3

Emotional Freedom Techniques (EFT) ist eine völlig neuartige, einfach zu erlernende Methode, mit der man sich selbst von Phobien, psychosomatischen Schmerzen, Depressionen, inneren Zwängen und Beziehungsproblemen befreien kann. Durch Affirmation und das rhythmische Berühren bestimmter Akupressur-Punkte verlieren sich alle Arten von inneren Blockaden mit ein bis zwei Anwendungen in wenigen Minuten.

Das Fitnessprogramm für den perfekten Tag

LEE HOLDEN
Die 7 Minuten
Das Fitnessprogramm für den perfekten Tag
176 Seiten
€ [D] 18,– / € [A] 18,50 / sFr 31,60
ISBN 978-3-7934-2106-1

Am Morgen, wenn wir aufstehen und den Tag beginnen, brauchen wir die meiste Energie. Wie wir uns beim Start in den Tag fühlen, bestimmt unseren ganzen Tageslauf. Mit dem 7-Minuten-Programm von Lee Holden aktivieren wir alle Energien in unserem Körper und gelangen auf ein Level des Wohlbefindens, das uns durch den ganzen Tag trägt. Am Abend brauchen wir Entspannung und Einklang mit uns selbst. Dafür gibt Holden uns ein besonderes 7-Minuten-Programm mit einfachen Bewegungen, die Ausgeglichenheit, Beruhigung und einen gesunden Schlaf fördern. Wenn wir diese beiden Programme, die nur 7 Minuten unserer Zeit beanspruchen, zur täglichen Gewohnheit machen, finden wir zu einer neuen Kraft, die das Leben von Grund auf verändert.

Deepak Chopras Antworten auf die Fragen unserer Existenz

DEEPAK CHOPRA
Bewusst glücklich
Das neue Handbuch zum erfüllten Leben
224 Seiten
€ [D] 19,95 / € [A] 20,60/ sFr 34,80
ISBN 978-3-7934-2096-5

In »Bewusst glücklich« betrachtet Deepak Chopra das Geheimnis unseres Daseins und die entscheidende Frage, was unser Leben für die ewige Suche nach dem Glück bedeutet. Wer bin ich? Woher komme ich? Wohin gehe ich, wenn ich sterbe? Chopra schöpft aus den alten Quellen der Vedanta-Philosophie und den Forschungsergebnissen der modernen Naturwissenschaft, um uns so zu helfen, unser wahres Wesen zu verstehen. Wenn uns das gelingt, beginnen wir aus der Quelle eines dauerhaften Glücks zu leben. Wenn wir wissen, wer wir sind, hören wir auf, uns der im Kosmos bestehenden inneren Intelligenz zu widersetzen.